ایران آزاد

Baktash Khamsehpour

Published by Baktash Khamsehpour, 2024.

While every precaution has been taken in the preparation of this book, the publisher assumes no responsibility for errors or omissions, or for damages resulting from the use of the information contained herein.

ایران آزاد

First edition. February 25, 2024.

Copyright © 2024 Baktash Khamsehpour.

ISBN: 979-8224173532

Written by Baktash Khamsehpour.

جدول محتوا

"از ایرانم از شهر آزادگان"

(شاهنامه فردوسی)

تقدیم به منیژه و شاهپور

مادر و پدر مهربانم که آزادی و ایراندوستی و انسانیت را از آنها آموختم

و

تقدیم به ملت بزرگ ایران که هزاره هاست در طول تاریخ، مادران و پدران آزاده و ایراندوست پرورده است

Smashwords Edition

(از متن کتاب)

ایران میتواند با بهره گیری از بهترین و پیشرفته ترین نمونه های فرهنگ خود که هماهنگ با برترین و پیشگامنرین نمونه های فرهنگ جهانی است به همه خواسته ها و آرزوهای خود راه یابد. بویژه اینکه دریافته شود ارزشهای پیشرفته فرهنگ ایران از پایه ها و بنیادهای فرهنگ جهانی است. از اینرو مهمترین اصل برای ایران، آزادی و آزادگی و مهندسی آن در کشور است. یک نظام آزاد در ایران تحت هیچ چارچوب، مکتب یا مذهبی اداره نمیشود. همواره میتواند اصلاح شود، تغییر یابد یا بکلی دگرگون و نو شود. هیچ اصل یا چیزی آنقدر آن بالا گذارده نشده که نتوان آنرا پایین آورد. مهمترین اصل وابسته به آزادی، آزادی فرد است. حق و رای یک فرد، همینطور یک گروه، دسته یا اقلیت

پیشگفتار

ایران مانند هر کشور آزاد و آباد شایسته است که از آزادی و آبادانی برخوردار باشد. یکی از زمینه های مهمی که هر کشور توسعه یافته از آن بهره مند است رفاه اجتماعی است و البته هر کشوری که از رفاه اجتماعی برخوردار باشد طبیعتا توسعه نیز خواهد یافت. مقوله توسعه امروزه برای ایران از اهمیت فراوانی برخوردار است. هنگامیکه صحبت از توسعه میشود منظور توسعه در همه زمینه هاست چه سیاسی چه اقتصادی و چه اجتماعی و فرهنگی. در این نوشته ها تلاش میشود طرحی برای اوضاع ایران بدست داده شود. طرحی که بهتر است هر چه زودتر در ایران اجرا شود. در هر صورت اگر ایران بخواهد بر گرفتاریهای گوناگون سیاسی، اقتصادی و اجتماعی خود چه در عرصه داخلی و چه در عرصه خارجی چیره شود این طرح میتواند کلید راهگشایش شود. تلاش میشود تا این کتاب به زبانی ساده و روان نوشته شود تا هر ایرانی بتواند پیام آنرا بخوبی درک کند. برخلاف آنچه که بسیاری از ایرانیان میپندارند راه حل مسائل ایران اصلا پیچیده نیست و در این کتاب خواهیم دید که ایران به چه سادگی خواهد توانست در مدتی کوتاه در ردیف کشور های آبرومند و نمونه قرار گیرد. کشور هایی که از نظر رفاه اجتماعی و توسعه در سطح بالایی جای دارند. در این کتاب به تاریخ و گذشته پرداخته نخواهد شد و آنچه مورد توجه است وضعیت امروز و فردای ایران است. پیام این کتاب همچنین فراتر از معانی و یا مقاصد رایج سیاسی است. آنچه در این کتاب می آید برخوردی منطقی و معقولانه با مسائل ایران است و شناسایی راه پیشرفت ایران

مسائل ایران

ایران سالهای بسیاری است که با مسائل گوناگونی درگیر بوده است. حوزه های سیاسی، اجتماعی و اقتصادی، بخشهای کلی مشکلات ایران را تشکیل میدهند. هر یک از این حوزه های عمده خود حاوی یکرشته مسائل و مشکلات مختلف اما مرتبط با هم است. در عرصه سیاسی روزی که جامعه ایران به انسان سالاری برسد یعنی نظام و سیستمی که حقوق هر فرد را پاس دارد آن وقت میتوان امیدوار بود که بسیاری از مسائل سیاسی و حتی اجتماعی و اقتصادی کشور میتوانند حل شوند. در حوزه اجتماعی هنگامیکه هر شهروند کشور از مسکن، کار و در صورت لزوم کمک هزینه زندگی در کنار خدمات رایگان تحصیلی و پزشکی برخوردار باشد آن وقت است که میتوان به حل بسیاری از مشکلات اجتماعی و حتی سیاسی و اقتصادی ایران امید بست. در بُعد اقتصادی زمانیکه اولویت بودجه کشور به زمینه های اجتماعی، رفاهی، علمی و عمرانی اختصاص یابد آن زمان میتوان به رفع مسائل اقتصادی و نیز اجتماعی و حتی سیاسی کشور امیدوار گشت. آنچه بطور کوتاه و خلاصه به آن اشاره شد مواردی است که ایران از آن بی بهره بوده است. در عرصه سیاسی، نظام حاکم بر ایران مبلغ و مروج طرز تفکری خاص بوده که در برابر حقوق فرد در اجتماع حق تقدم داشته است. در حوزه اجتماعی، شکاف طبقاتی، بیکاری و فقر مسائل دیگری چون بزهکاری، اعتیاد، فساد و فحشا را تشدید کرده است. در بُعد اقتصادی هم تواناییها و جاذبه های بالقوه ایران را کد مانده یا به هدر رفته و تورم، مهارنشدنی و فساد و اختلاس رایج بوده است

کار بیشتر، بازدهی کمتر

ایران در طول سالیان گذشته در حالی با مشکلات و مسائل مختلف دست و پنجه نرم کرده است که افراد شاغلش شش روز در هفته سر کار رفته اند و محصلینش شش روز در هفته سر کلاس درس حاضر شده اند. یعنی مردم ایران سالهاست که در طول هفته تنها یک روز تعطیل داشته اند. این در حالی است که در کشورهای توسعه یافته و بهرمند از رفاه اجتماعی مردم از دو روز تعطیلی در هفته برخوردارند. اگر این یکروز کار یا تحصیل بیشتر در هفته که در طول یکسال بالغ بر پنجاه روز فعالیت بیشتر جامعه میشود با افزایش بازدهی جامعه و ارتقاء سطح زندگی مردم همراه بود ایرادی بر آن وارد نبود اما فعالیت جامعه ایران در شش روز هفته نه تنها بهبود کیفیت زندگی مردم را همراه نیاورده که از بار مسائل و مشکلات اجتماعی و اقتصادی کشور نیز نکاسته است. از اینرو جامعه ایران در وضعیتی است که کار و فعالیت بیشتری میکند اما حاصل آنرا نمیبیند. گرفتاری دیگری که وجود دارد به ارتباطات و مناسبات خارجی کشور مربوط میشود. تعطیلی جمعه در ایران و شنبه و یکشنبه در بسیاری از کشورهای خارجی مسائل و مشکلاتی را در عرصه روابط خارجی بویژه مناسبات بازرگانی در بر داشته است. راه حل این مسئله میتواند ساده باشد و شاید با مترادف ساختن پنجشنبه و جمعه با «ستردی» و «ساندی» این قضیه برطرف شود. در چنین حالتی شنبه «ماندی» ، یکشنبه «توزدی»، دوشنبه «ونزدی»، سه شنبه «ترزدی»، چهارشنبه «فرایدی» ، پنجشنبه «ستردی» و جمعه «ساندی» خواهد بود

جهان بینی

هر انسان و جامعه ای به داشتن جهان بینی نیاز دارد. آنچه منبع یک جهان بینی خاص شناخته میشود فلسفه است. البته عکس آن نیز صدق میکند بمعنای اینکه سر چشمه فلسفه، جهان بینی است. اهمیت نقش جهان بینی و فلسفه در کارکرد و کارنامه انسانها و جوامع از همین جا شناخته میشود و البته منظور از فلسفه، نحوه و طرز نگریستن و تشریح زندگی در جهان است. یک نوع جهان بینی ممکنست اندیشه فرد یا جامعه را محدود کند در حالیکه نوعی دیگر از جهان بینی امکان دارد فرد یا جامعه را به تکاپو و کوشش نامحدود وادارد. جامعه ایرانی خوب است که هر از گاهی جهان بینی خود را مرور و ارزیابی کند چرا که نحوه حرکت و چند و چون عملکرد و دستآورد هر جامعه ای بستگی تام به نوع جهان بینی اش دارد. این جهان بینی است که کارها، روشها و هدفها را ترسیم میکند. پس از انقلاب سال ۱۳۵۷ در ایران نوعی جهان بینی جهان وطنی در کشور قوت گرفت که ناشی از شور انقلابی همان دوران بود و البته این نوع تفکر در دو شکل بروز یافت. یکی در میان چپگرایان و دیگری در بین مذهبیون. مذهبیون که رهبری انقلاب را بدست گرفتند و بدنبال آن نظام مذهبی سیاسی جمهوری اسلامی را در ایران تاسیس کردند این جهان بینی جهان وطنی و از نوع اسلامی آنرا در سیاستگذاریهای خود در پیش گرفتند. بر مبنای این جهان بینی مذهبی بسیار پیش آمده است که منافع ملی ایران فدای منافع جمعی ممالک یا امت اسلامی شده است. از این نظر ایران زیانهای بسیاری دیده است و نیازی نیست به این موضوع پرداخته شود که آیا اصولا ممالک اسلامی پشتیبان مواضع ایران بوده اند و یا از نظریه اتحاد اسلامی حمایت میکنند و یا اینکه آیا اصلا چیزی بنام امت اسلامی وجود خارجی دارد یا نه. آنچه طی سالهای اخیر و پس از انقلاب سال ۱۳۵۷ در ایران مسلم بوده خسارات فراوانی است که ایران از بابت چنین جهان بینی مذهبی متحمل شده است. این جهان بینی مذهبی همواره جهان را به شرق و غرب، مسلمان و غیرمسلمان و مذهبی و غیرمذهبی تقسیم میکند و وحدت جهانی را در حاکمیت ادیان الهی بطور اعم و

حاکمیت اسلام بطور اخص بر جهان میبیند. این هدف نهایی در بطن تفکر و جهان بینی مذهبیون قرار دارد و از اینروست که از نظر آنها منافع ملی ایران موضوعی مقطعی و در دایره منافع جمعی مسلمانان امری سطحی شمرده میشود و دفاع از منافع ملی ایران تنها هنگامی اهمیت می یابد که در راستای منافع جمعی مسلمانان و یا ممالک اسلامی قرار داشته باشد. به سخنی دیگر از نظر مذهبیون، منافع ملی ایران همواره در راستای منافع مسلمانان یا ممالک اسلامی قرار دارد و هر آنچه در ارتباط با منافع ملی ایران در مسیر اهداف و منافع مسلمانان یا ممالک اسلامی قرار نداشته باشد جزو منافع ملی ایران شمرده نمیشود. این جهان بینی همواره محدودیتهایی را در امر سیاستگذاری برای ایران بوجود آورده و تهران همیشه مراقب است که سیاستگذاریهایش منافع ممالک اسلامی را نیز دربرگیرد. چه ممالک اسلامی با این سیاستگذاریها وحدت نظر داشته باشند یا نداشته باشند و چه این سیاستگذاریها خلاف منافع ایران باشد و یا نباشد. در جهان بینی غیرمذهبی، کشور از اینگونه دسته بندیها و تقسیم بندیها رهاست و سیاستگذاری خود را در هر کجا که منافع ملی اش اقتضا کند پیش میبرد. در واقع در جهان بینی آزاد و مستقل، ایستگاه ملی و منافع ایران، تنها جایگاهی هستند که از آن بر همه مسائل نظر افکنده میشود و کلیه ارزیابیها و تصمیم گیریها بر پایه آن صورت میگیرد. یکی از موارد اساسی تبلیغاتی این جهان بینی، اشاعه و القای نظریه تضاد و خصومت آنچه که از آن بعنوان جهان غرب یاد میشود با اسلام و یا مسلمانان است. وقایع دهه های اخیر نشان داده اند هر کجا که تفکری افراطی تحت هر لوایی با رسیدن به قدرت، ارزشهای انسانی را زیر پا گذارد و امنیت جهانی را بر هم زند با واکنش و برخورد جامعه جهانی روبرو میشود. آلمان، ایتالیا و ژاپن در دهه سوم قرن بیستم میلادی گرفتار ایدئولوژیهای استبدادی و حکومتهای خودکامه شدند. آلمان و ایتالیا در دل اروپا آماج حملات نیروهای متفقین به رهبری آمریکا، انگلستان و اتحاد شوروی سابق قرار گرفتند. در قاره آسیا، ژاپن، متحد آلمان و ایتالیا هدف دو بمب اتمی آمریکا قرار گرفت. با این وجود هر سه کشور آلمان، ایتالیا و ژاپن دگرباره به جرگه کشور های آزاد پیوستند و پس از گذشت چند دهه بار دیگر در ردیف کشور های پیشرفته قرار

گرفتند و باتفاق آمریکا، انگلستان، فرانسه و کانادا گروه هفت را تشکیل دادند. گروهی که قدرتهای عمده صنعتی و اقتصادی جهان را در خود گرد آورده است. وقایع جنگ جهانی دوم بخوبی نشان میدهد که اراده جهانی برای دفاع از آزادی و به ویژه آزادی های فردی که همان دفاع از منشور جهانی حقوق بشر و دمکراسی است چه فداکاریها و ایثارگریهایی در این راه بعمل آورد. جهان بینی بمثابه برنامه و یا نقشه راهنمایی برای مردمان یک کشور است که میتواند آنها را بسوی پیشرفت و نیکبختی و یا پسرفت و نگونبختی هدایت کند. جهان بینی مانند قواعد یک بازی است. هر چه قواعد بازی، بازتر و گسترده تر، دامنه عمل، آزادتر و وسیعتر و بر عکس هرچه قوانین بازی بسته تر، دایره میدان عمل، تنگتر و محدودتر

اعضای دائمی شورای امنیت سازمان ملل متحد

اعضای دائمی شورای امنیت سازمان ملل متحد در قبال وقایع و تحولات جهانی از مسئولیتی سنگین برخوردارند زیرا در برابر قطعنامه های پیشنهادی شورای امنیت از حق وتو بهرمندند و به عبارتی رای مخالف تنها یکی از این اعضا به قطعنامه ای پیشنهادی برای عدم تصویب و ابطال آن کافی است. فاتحان جنگ جهانی دوم، آمریکا، انگلستان، فرانسه، روسیه و چین طبیعی است که پس از فجایع جنگ جهانگیر دوم چنین حقی را برای خود در ساختار نظام سیاسی بین المللی قائل شوند چرا که این کشورها سنگین ترین تلفات و خسارات را متحمل شدند و برای پیروزی، از نظر نیروی انسانی و امکانات دیگر بیش از همه هزینه کردند. به سخنی دیگر، پنج کشور نامبرده بعنوان کشورهایی عمده در خط مقدم جنگ با فاشیسم و نازیسم قرار گرفتند. با این وجود وقایع و تجربیات سالیان اخیر نشان داده است که ساختار نظام سیاسی بین المللی به اصلاحاتی نیاز دارد چرا که رعایت عدالت در مسائل بین المللی، فراتر از حیطه اختیارات، بررسی، تصمیم گیری و قضاوت تنها یک کشور است. در رسیدگی به مسائل حساس و مهم بین المللی، عدم انحراف از مسیر عدالت، مستلزم وجود یک سیستم درست و منصفانه در اخذ تصمیمات جهانی است. تصمیم گیریهایی که مقبولتر آیند چنانچه محصول آرای جمعی کشورها باشند یا به عبارتی دیگر اکثریت کشورهای جهان آنرا تایید کرده باشند. اگر در دوره ای پس از جنگ جهانی دوم اقتضا میکرد که نهادی بین المللی چون شورای امنیت در راس هرم سازمان ملل جای گیرد، دوره بعد ثابت کرد که اختیارات انحصاری این شورا، دقیقا همان ناحیه ای است که رسیدگی عادلانه به مسائل مهم بین المللی را خدشه دار کرده و آرای اکثریت کشورهای جهان را نادیده انگاشته است. با اینهمه این امری طبیعی و بدیهی است که تصمیم گیری، مسئولیت و رهبری جامعه بین المللی را خودبخود کشورهایی در دست میگیرند که از شاخصه های اینکار بهرمند باشند.

شاخصه هایی چون برخورداری از یک نظام آزاد و رعایت حقوق بشر، روابط دوستانه با همه کشور های جهان، دیپلماسی قوی، علم و صنعت و تکنولوژی پیشرفته، اقتصاد پویا و نیروی نظامی توانمند که بیانگر و نمایانگر کشوری پیشرفته و نیرومند است. بهره مندی از همه این شاخصه ها میتواند کشوری را در جامعه بین المللی نه تنها پیشگام بلکه آبرومند سازد. شاید درستتر میبود اگر معیار اصلی تصمیم گیریهای جهانی در نهادی چون سازمان ملل یا بازوی اجرایی آن یعنی شورای امنیت بر مبنای جمعیت هر کشور قرار میگرفت. در چنین شیوه ای، انسان یا شاخصه انسانی، مبنای تعیین حدود اختیارات و رای هر کشور در نهاد جهانی و نظام سیاستگذاری و تصمیم گیریهای بین المللی قرار میگیرد نه قدرت اقتصادی، نظامی، علمی یا توسعه یافتگی یک کشور. بر این اساس، کشوری مانند هند یا چین که بیش از یک میلیارد جمعیت دارند مثلا هر یک ده رای در سازمان ملل خواهند داشت و کشورهایی با جمعیتی زیر یکصد میلیون تن، هر یک دارای یک رای خواهند بود. البته برای چنین سیستمی، این ارقام و تناسبهای تمثیلی میتواند تعدیل و اصلاح گردد تا از مسائلی احتمالی چون امکان رشد بی رویه جمعیت کشوری یا کشورهایی با هدف افزایش میزان حق رای خود جلوگیری شود. با اینهمه نقطه ضعفی که در این سیستم میتواند وجود داشته باشد این است که مولفه جمعیت، بخودی خود لزوما نمیتواند گره گشای کلیه مسائل جامعه جهانی باشد چرا که در چنین شیوه ای از تصمیم گیری در امور جهانی ممکنست کشورهایی با جمعیت بیشتر و در نتیجه حق رای بیشتر، فاقد ظرفیتها و قابلیتهایی باشند که کشورهایی با جمعیت کمتر و حق رای کمتر ممکنست از آن بهره مند باشند. ایران بعنوان یکی از کشور های کهنسال، باتجربه و جهاندیده، شایسته است از جایگاهی والا در سازمان ملل و نظام تصمیم گیریهای جهانی برخوردار باشد. ایران کشوری است که میتواند دبیر کلی سازمان ملل و هدایت و ریاست هر نهاد جهانی دیگر را با شایستگی تمام در دست گیرد

راه ایران

ایران در طول تاریخ کهن و پر فراز و فرود خود با برپایی تمدنهایی بزرگ چندین و چند بار در عرصه جهانی درخشیده است. ایران در طول تاریخ تاکنون چند بار ابرقدرت جهان بوده است. همواره در اندیشه ناخودآگاه ایرانیان که از عناصر تاریخ و فرهنگ ایران تاثیر یافته است، این گرایش بسوی ابرقدرتی ایران وجود داشته و مشاهده شده است. در میان بیش از دویست کشور ریز و درشت بر سیاره زمین که برخی قدیمی و برخی جدید هستند، شاید بیش از ده کشور با تاریخی بیش از دو هزار سال پیدا نشوند. در میان کشورهایی که تاریخشان به دستکم دو هزار سال میرسد دو کشور وجود دارند که در عرصه ها و زمینه هایی، شباهت بسیار به ایران دارند. این دو کشور، یکی ایتالیا در اروپاست و دیگری ژاپن در آسیا. هر دو کشور مانند ایران دارای تاریخی کهن و فرهنگی غنی هستند. ژاپن و ایتالیا، هر دو مانند ایران دارای غذاهای اصیل هستند. این دو کشور هرچند در عرصه تکنولوژی و صنعت در زمره کشورهای پیشرفته و توسعه یافته قرار دارند. صنایع و شرکتهای بزرگ ایتالیا و ژاپن، هر یک بمثابه یک امپراطوری اقتصادی و یک نام معتبر تجاری در جهان بشمار میروند. ایتالیا و ژاپن هر یک توانسته اند با تکیه بر تاریخ قدیمی خود و حفظ اصالت فرهنگی شان در راه نوآوری و پیشرفت گام نهند و آینده خوبی برای خود بسازند. این دو کشور نه تنها میتوانند به تاریخ و گذشته خود افتخار کنند بلکه امروز نیز میتوانند سربلند باشند و به آینده هم امیدوار. ایتالیا، امروز نه تنها به امپراطوری «رُم»، «سزار»، «کالسیوم»، برج «پیزا»، «سیسرون»، «ویرژیل»، «دانته»، «داوینچی»، «گالیله» و .... مفتخر است، به همان اندازه به «پیتزا» و «اسپاگتی» و «کاپاچینوی» خود مینازد و همانقدر نیز بخاطر خودروهایش چون «فراری»، «لامبورگینی»، «مازراتی» و .... و مارکهای خود در عرصه مد و زیبایی چون «جورجو آرمانی»، «گوچی»، «ورساچی»، «جیوانچی» و ......در جهان مشهور است. ژاپن نیز امروز نه تنها به «سامورایی ها»،

«شوگانها»، «میکادوها» و آیین «شینتو» افتخار میکند بلکه به همان سان خوراک «سوشی» خود را عالمگیر کرده و نه فقط از سازندگان بهترین دوربینهای عکاسی چون «نیکن» و «کانن» است که از سازندگان بهترین آلات موسیقی چون «یاماها» و «کازیو» و برخوردار از مشهورترین نامهای صنایع الکترونیک چون «سونی»، «هیتاچی»، «میتسوبیشی»، «توشیبا» و .... و در صنعت خودروسازی از شرکتهای معتبری چون «تویوتا»، «هوندا»، «مزدا» و .... بهرمند است. ایران نیز شایسته است در عرصه صنایع بازرگانی جهان، از نامها و برندهای معتبری بهرمند باشد. شرکتها و صنایعی نامدار که نام ایران را در عرصه بین المللی مطرح کنند. سوا از فرش، گربه، پسته، خاویار و یکرشته چیزهایی که بنام ایران در جهان مشهور است و با پسوند یا پیشوند ایرانی یا پارسی عرضه میشوند و جدا از محصولات خام چون نفت و گاز، صنایع ایران میتوانند فرآورده های نو و نام و نشانداری به جهان ارائه کنند و بازارهای جدید عرصه های تازه را در دست گیرند. امروزه شاید نام و نشان «ارج» یکی از قدیمیترین و معتبرترین برندهای صنعتی ساخت ایران باشد. در زمینه های خودروسازی، هواپیماسازی، کشتی سازی، محصولات دیجیتال و الکترونیک و صنایع نوینی که از عرصه های جدیدی چون یاخته های بنیادی و نانو تکنولوژی سرچشمه خواهند یافت، ایران میتواند ساخته ها و فرآورده ها و نام و نشانهایی نوین به جهان ارزانی دارد. در جامعه بین المللی هنگامیکه کشوری نوآور و سازنده کالاهای سودمند، منحصر بفرد، مورد پسند مردم و بویژه نسل جوان است از یکی از مولفه های آبرومندی بهرمند میشود. هنگامیکه مشاهده میشود، ایتالیا سازنده «فراری» است، ژاپن دارنده «سونی»، دانمارک ارائه کننده «لگو» و یا سوئیس، برخوردار از «کارتیه» و آنگاه که دریافته میشود این کشورها و مانند آنها افزون بر این کالاها، از شرکتهای نامدار و صاحب نشان و برندهای مرغوب و شناخته شده دیگری نیز بهرمند هستند، همزمان دیده میشود که این شرکتهای با نام و نشان و نوآور، اعتبار کشورهای خود را در معاملات و معادلات جهانی بالا میبرند. اینکه نام و نشان یا پرچم و یا رنگهای ملی کشوری بر پیراهن، کلاه یا کالاهای

دیگر نقش بندد و سوا از شهروندان خود آن کشور، در کشور های دیگر جهان نیز هواخواه و خریدار داشته باشد، این نیز خود یک مولفه دیگر از آبرومندی یک کشور است. اینکه مردم کشور های جهان آرزو داشته باشند به یک کشور خاصی سفر کنند، این هم از مولفه های آبرومندی آن کشور است. اینکه جهانیان بخواهند از مدل یک کشور الگوبرداری کنند و مانند مردمان آن کشور زندگی کنند یا آرزو کنند کشورشان از جایگاهی چون آن کشور بهرمند باشد، این نیز از مولفه های آبرومندی آن کشور است. این هم که مردمان دیگر، آرزومند زندگی در یک کشور و گرفتن شهروندی آن کشور باشند، مولفه ای دیگر از آبرومندی آن کشور است. اما این مواردی که بازگو شد، خود به شاخصه های دیگری نیاز دارد. شاخصه هایی که زمینه ساز و فراهم آورنده آبرومندی یک کشور است

آبرومندی

هر کشوری که بتواند در عرصه بین المللی از دانش، صنعت و فن آوری پیشرو و اقتصاد پرتوان بهره‌مند گردد خودبخود به آبرومندی میرسد. اگرچه دستیابی یک کشور به شاخصه های مهمی چون دانش، صنعت، فن آوری و اقتصاد قوی، خود نیازمند بسترهایی حیاتی در آن کشور است. بهره‌مندی از یک نظام یا سیستم آزاد مهمترین اصل حرکت یک کشور بسوی شکوفایی و پیشرفت علمی، صنعتی، تکنولوژیکی و اقتصادی است. تعریف یک نظام آزاد در این مقوله عبارت است از سیستمی که چیزی را بالاتر از آزادی انسان در اولویت قرار ندهد. به عبارت دیگر، یک حکومت آزاد، سیستمی است که هیچ چیزی را آنقدر آن بالا قرار نمیدهد که نشود آنرا پایین آورد. یک نظام آزاد، حکومتی تکثرگرا و پلورالیستی است. سیستمی است که تضاد، تغییر و تنوع را بخوبی میشناسد و هضم کرده است. همان اندازه که به اکثریت بها میدهد، به اقلیت یا اقلیتها توجه دارد حال میخواهد این اقلیت تنها یک نفر باشد، همان یک انسان. در یک نظام آزاد، معیار اصلی، حقوق انسان واحد است. رعایت حق و حقوق انسان واحد بعنوان مبنای تشکیل دهنده و پایه بنیادین بافت خانواده و سپس اجتماع و ملت و جامعه بین المللی است که سرلوحه کار یک نظام آزاد و انسان سالار است. از اینرو مهمترین اساس پیشرفت یک کشور، آزادی است. این آزادی است که عرصه آزادی عمل و تکاپو در هر مسیر و سمت و سو را فراهم میآورد و بسط و توسعه دستاوردهای یک جامعه را امکانپذیر میسازد. همین آزادی است که مهمترین عامل وحدت یک کشور است. یعنی اساس یگانگی یک ملت، اصل وحدت در تکثر است. این اصل است که گوناگونی استعدادها، تواناییها و دستآوردها را گرد هم میاورد و به آنها در همه زمینه ها، بدون محدودیت و چارچوبی یا خط قرمزی، امکان پویایی و رشد و شکوفایی و بالندگی میدهد. اصل آزادی از مهمترین ارکان پیشرفت یک جامعه و در نتیجه از محوریترین عوامل آبرومندی یک ملت است. کشوری میتواند از امتیاز ویژه آبرومندی در میان کشور های جهان بهره‌مند گردد که بتواند

با شناسایی و درک تفاوتها و اختلافات درونی جامعه خود، تضاد داخلی را هضم کند. چنین کشوری یک نظام آزاد را برای اداره امور خود مهندسی کرده است. در چنین کشوری فرد فرد اعضای جامعه بدون در نظر گرفتن تعلقات سیاسی، عقیدتی، مذهبی، جنسیتی، قومی و نژادی، فارغ از هرگونه تبعیضی در برابر قانون یکسان و مساوی هستند. حقوق اقلیتها از هر نظر حفظ میشود. آزادی ابراز وجود، آزادی بیان، آزادی انتشار مطبوعات و کتاب، آزادی ایجاد رسانه های شنیداری، دیداری و اینترنتی غیردولتی، مستقل یا خصوصی، آزادی تشکیل و فعالیت احزاب و سازمانهای سیاسی، اتحادیه های صنفی و کارگری و انجمنهای غیردولتی، آزادی برپایی گردهمآیی، تظاهرات و راهپیمایی، همه و همه از مصادیق قوانین مترقی و سازنده نظام آزاد یک کشور آبرومند است. در چنین کشوری، اعدام وجود ندارد، زندانی سیاسی و عقیدتی وجود ندارد و اتهامی متوجه این کشور نیست. با وجود این ویژگیهاست که راه رشد و توسعه یک کشور در همه زمینه ها باز و هموار میگردد و پیشرفت و آبرومندی اش را پایدار و استوار میسازد

شرق و غرب

جهان بینی از ویژگیهای پیشرفت، ایستایی یا چه بسا پسرفت یک جامعه، ملت یا کشور میتواند باشد. این جهان بینی یک توده یا اجتماع است که نظام سیاسی حاکم بر خود را شکل میدهد و مناسبات با جوامع دیگر و جایگاه کشور خود را در جامعه بین المللی تعیین میکند. با اینکه قرار گرفتن یا عضویت در سازمانهای همکاری منطقه ای یا پیمانهای محدود به دسته یا گروهی از کشورها میتواند امری مهم برای تامین منافع یک کشور باشد هرچند فراترین اصل برای هر کشور، بهرمندی از جهان بینی و سیاستی فراگیر است که در آن کل جهان را یکسان مینگرد. در این جهان بینی، شرق و غرب و شمال و جنوب تفاوتی با هم ندارند. آنچه در غرب است از شرق است. آنچه در شرق است از غرب است. آنچه در شمال است از جنوب رفته است و آنچه در جنوب است از شمال آمده است. در این جهان بینی، جهان واحد است. بهم متصل است. با هم پیوندی تنگاتنگ و ناگسستنی دارد. هر گوشه جهان به گوشه دیگر نیازمند و وابسته است. هر نقطه جهان، همانگونه که بر نقطه ای دیگر تاثیر میگذارد از نقطه ای دیگر تاثیر میپذیرد. در این جهان بینی، غرب زدگی و شرق زدگی، شمال زدگی یا جنوب زدگی معنایی ندارد. اینکه کشورهایی بخاطر داشتن یک ایدئولوژی خاص در یک جبهه علیه کشورهای دیگر قرار گیرند یا کشورهایی بخاطر اشتراکات مذهبی، اتحادیه ای علیه کشورهای دیگر بوجود آورند نتیجه ای جز تفرقه و اختلاف و چه بسا دشمنی و جنگ در جهان ببار نخواهد آورد. این جهان بینی و دیدگاه فراگیر است که میتواند به صلح و سازندگی پایدار در جهان بیانجامد. اینکه جوامع همه کشورهای روی زمین فارغ از نژاد و دین و هرگونه تفاوتهای دیگر، همه در یک چیز مشترکند و آن اینکه همه این کشورها را انسانها تشکیل داده اند. حال انسانها و جهان در اولویت جای میگیرد یا یک ایدئولوژی، مکتب، مذهب یا فرقه ای خاص که عمدتا هم نوید یا وعده خوشبختی انسانها و جهان را میدهند هرچند در عمل غالبا عکس این بوده است. به سخنی دیگر، مکاتب جهانشمول که برای وحدت

جامعه بشری و بهبود زندگی ارائه شده اند هر یک بدنبال جهانگیری هستند و در مسیر قدرت گیری با تبدیل شدن به وسیله یا سلاحی علیه جوامع و عقاید دیگر، خودبخود عامل ایجاد تفرقه و جنگ و در نظر بشریت فاقد ارزش گردیده اند. در واقع تقسیم بندی جهان به شرق و غرب، یک دسته بندی میان کشور های پیشرفته و عقب مانده است زیرا ژاپن که در شرق است بنوعی در ردیف کشور های غربی قرار میگیرد اما کوبا که در غرب است در میان کشور های غربی جایی ندارد. اگر امروز شاخصه های پیشرفت در غرب مشاهده میشود بهتر است دانسته شود که دیروز شاخصه های پیشرفت در شرق مشاهده میشد و همین شاخصه ها زمینه ساز پیشرفت در غرب شدند. اگر از اصطلاح شرق و غرب بگذریم به این نکته میرسیم که اگر پیشرفتی در هر کجای جهان است، پیش زمینه این پیشرفت میتواند در جای دیگری یا جاهای دیگری باشد. بر اساس این اصل است که هر ارزش، دستآورد یا پیشرفتی که در هر جای زمین بدست آید فراتر از اینکه یک محصول بومی باشد، یک فرآورده جهانی است و گذشته از اینکه متعلق به یک جامعه، ملت یا کشور باشد، از آن کل بشریت است

آزادگی

بزرگترین اصل فرهنگ انسانی، آزادگی است. اصل آزادگی در کمال سادگی در کلیه فرهنگهای گوناگون جوامع بشری، قدمتی دیرینه دارد. آزادی و آزادگی با انسان زاییده شده است و ریشه در تمدن و فرهنگی خاص ندارد. در عصر جاری و طی دستکم یکقرن گذشته مفهوم آزادی و آزادگی در ادبیات سیاسی با واژه دمکراسی مترادف گشته است که این واژه بخاطر تعلق به فرهنگی خاص، فرهنگ یونانی و هلنیسم، نمایانگر برداشتی خاص از تاریخ و تلاش برای القای پیشرفتگی و برتری فرهنگ و شهریگری یونان باستان به کل جهان است. در حالی که مفهوم دمکراسی در یونان باستان با توجه به وجود برده داری و پذیرش این مسئله بکلی با مفهومی که طی دهه های گذشته از این کلمه استنباط میشود متفاوت و مغایر است. از اینرو کلمه دمکراسی دارای باری تاریخی است و نمیتواند بیطرفانه و مستقل، آزادی و آزادیخواهی را برای کشورهای جهان بازگو کند. در فرهنگ ایران، آزادگی، یک ارزش والا و برجسته و نشانه آزادی کشور است. در تاریخ ایران نیز مانند تاریخ کشورهای دیگر جهان، هم استبداد وجود داشته است و هم آزادی، هم بیداد و ستم و هم دادگری و نیکی. سلاطین و حاکمانی بوده اند که با خودکامگی و سرکوب و خونریزی حکومت کرده اند و فرمانروایانی بوده اند که با انجمن و رایزنی با بزرگان و فرهیختگان کشور فرمان رانده اند. این وضع در تاریخ همه کشورها و تمدنها کمابیش دیده میشود. نظام آزاد، آزادی، آزادگی و آزادیخواهی در هر زبانی واژگان خود را دارد و برای رسیدن به مفهوم عام و جهانی آزادی، بهتر است هر کشور از ادبیات و واژگان خود در این زمینه بهره ببرد. کاربرد واژه دمکراسی برای برخی کشورها و تمدنها نه تنها مسئله ای ایجاد نمیکند بلکه یک ارزش والاست و در عصر حاضر بعنوان اصطلاحی بین المللی برای تعریف یک نظام آزاد سیاسی شناخته و استفاده میشود هرچند برای ایران که تاریخش بخاطر ملاحظات فرهنگی، جغرافیایی و سیاسی قرون گذشته در غرب بنوعی بعنوان تاریخی استبدادی در برابر تاریخ

یونان معرفی شده است، استفاده از واژه یونانی دمکراسی ایجاد اشکال میکند. همین مسئله در مورد دوی مار اتن در بازیهای المپیک نیز صدق میکند که مبنایش یک روایت افسانه آمیز یونانی است و قهرمانش، دونده ای یونانی که از میدان جنگ با سپاه ایران خبر پیروزی یونان را به آتن میبرد. با این وجود، هیچیک از این مسائل نمیتواند دلیلی موجه برای عدم استقرار آزادی و مهندسی یک نظام آزاد در ایران باشد. ایران میتواند با بهره گیری از بهترین و پیشرفته ترین نمونه های فرهنگ خود که هماهنگ با برترین و پیشگامترین نمونه های فرهنگ جهانی است به همه خواسته ها و آرزوهای خود راه یابد. بویژه اینکه دریافته شود ارزشهای پیشرفته فرهنگ ایران از پایه ها و بنیادهای فرهنگ جهانی است. از اینرو مهمترین اصل برای ایران، آزادی و آزادگی و مهندسی آن در کشور است. یک نظام آزاد در ایران تحت هیچ چارچوب، مکتب یا مذهبی اداره نمیشود. همواره میتواند اصلاح شود، تغییر یابد یا بکلی دگرگون و نو شود. هیچ اصل یا چیزی آنقدر آن بالا گذارده نشده که نتوان آنرا پایین آورد. مهمترین اصل وابسته به آزادی، آزادی فرد است. حق و رای یک فرد، همینطور یک گروه، دسته یا اقلیت. وقتی در جامعه ای، هر انسان فارغ از هر ویژگی دیگری بعنوان اولین واحد شکل دهنده جامعه شناخته و حقوق هر فرد در اولویت قرار گیرد، آن وقت است که جامعه ای قرص و نیرومند میتواند شکل گیرد و آنرا جامعه ای انسانسالار خواند. جامعه انسانسالار، جامعه ای است که حقوق هر فرد در آن در اولویت قرار دارد. در تاریخ همواره پایمال شدن آزادی و حقوق فرد، تحت لوای چارچوبها و ایدئولوژیهای مختلف مشاهده شده است. اینکه بنام منافع اکثریت، خواه جامعه یا ملت باشد، خواه طبقه یا دسته ای خاص یا بنام مذهب و مکتبی، آزادی و حقوق فرد سلب و نادیده گرفته شود بارها و بارها در تاریخ روی داده است. از اینرو بهتر است مبنای آزادی و نظام اجتماعی بر اصل آزادی هر فرد در جامعه قرار گیرد. تنها ضعف قرار دادن مبنای نظام سیاسی و اجتماعی یک کشور بر پایه حقوق فردی، امکان سست شدن بنیانهای خانوادگی است که ضروری است ملاحظات و تدابیر ویژه ای برای جلوگیری از هرگونه آسیب دیدگی این مهمترین نهاد بافت اجتماعی بکار گرفته شود.

ایران آزاد

بطور کلی احترام به نظرات مخالف، انتقادپذیری، محدودیت اختیارات،
کوچک بودن دستگاه دولت، وجود تشکلها و نهادهای اجتماعی و صنفی،
فعالیت احزاب سیاسی و رسانه های غیردولتی، اعتقاد به خرد جمعی
و آرای عمومی، اصلاح پذیری، استقبال از تغییر و تنوع و قبول تکثر
در جامعه از مشخصات یک نظام آزاد و در نتیجه وجود آزادی در یک
کشور بشمار میروند

کارآفرینی و درآمدزایی

جامعه ای میتواند از کارآفرینی و درآمدزایی شایسته ای بهره مند گردد که چارچوب یا محدودیتی نداشته باشد که سد راه این مولفه های مهم توسعه اجتماعی و اقتصادی باشد. در ایران با توجه به استعدادهای بالقوه کشور، چه در زمینه انسانی، چه در زمینه فرهنگی، چه در زمینه امکانات و شرایط اقلیمی و جغرافیایی و چه در زمینه منابع طبیعی، همه زمینه ها برای پیشرفت و خوشبختی جامعه موجود است. آنچه مانع اصلی کارکرد این زمینه ها و بازدهی بهینه و مطلوب آنهاست، محدودیتها و چارچوبهایی است که رشد و شکوفایی این عرصه ها را کمرنگ و ناتوان کرده است. برای نمونه، ایران در عرصه گردشگری از جاذبه هایی آنچنان گسترده بهره مند است که میتواند آنرا اگر نه ستون اصلی بلکه از ارکان عمده اقتصاد خود قرار دهد. توریسم فعال و سودآور در درجه اول نیازمند فضایی آزاد و بدون محدودیت است. در نتیجه کشوری یک کشور توریستی شناخته میشود که دارای یک نظام آزاد باشد. در وهله دوم، آرامش و امنیت است. در یک کشور توریستی باید صلح برقرار باشد و مردم در آن احساس امنیت کنند. در جایگاه بعدی، نیرو ها و ساختارهایی است که یک کشور توریستی باید از آنها برخوردار باشد. نیروهایی که برای راهنمایی و خدمت به گردشگران تربیت شده باشند و ساختارهایی که ارائه دهنده خدمات اقامتی، پذیرایی، راهنمایی، تفریحی و موارد دیگر عرصه گردشگری به توریستها باشند. به همه اینها باید تبلیغات درست و گسترده را افزود. یک کشور توریستی برای تبلیغ خود از تمامی زمینه های رسانه ای چون نشریات، رادیو، تلویزیون، سینما و اینترنت استفاده میکند. پرورش نیروهای راهنما و ارائه دهنده خدمات به گردشگران که در تورهای مسافرتی، هتلها، رستورانها و مراکز و اماکن تفریحی و سیاحتی بکار گمارده میشوند، عرصه باز و گسترده ای را برای کارآفرینی پدید میاورد. دریای مازندران در شمال، خلیج فارس در جنوب، جزایر خلیج فارس و دریاچه ارومیه، حوزه هایی هستند که میتوانند بیشترین شمار توریستها را بخود جذب کنند بویژه که شرایط آب

و هوایی سواحل و کرانه های خلیج فارس و جزایرش بگونه ای است که امکان آب تنی و آفتاب گرفتن در فصل زمستان را نیز فراهم میآورد. این در حالی است که همزمان میتوان در نقاطی دیگر از ایران اسکی کرد و به تفریحات یا ورزشهای زمستانی پرداخت. در کنار این ویژگیها که عامل مهمی برای جلب توریستهاست، شهر های گوناگون ایران، آثار باستانی و تاریخی، مناظر و نقاط بکر و منحصر بفرد طبیعی، تنوع و گستردگی فرآورده ها و کالاهای بومی و ملی از خوردنیها و نوشیدنیها گرفته تا صنایع دستی و فرش و غیره قرار دارند. گردشگری و توریسم، افزون بر توان و کارآیی بالا در توسعه اقتصاد و اشتغال زایی، عامل مهمی در شناسایی، اعتبار، شهرت و آبرومندی یک کشور بشمار میرود

رفاه اجتماعی

کـشوری را میتوان پیشرفته دانست که مردمانش از رفاه اجتماعی بهره‌مند باشند. رفاه اجتماعی، بیانگر تامین و تضمین میانگین نیاز های اساسی هر فرد جامعه است. اینکه هر فرد در جامعه دارای کار، حقوق و مسکن باشد. اینکه امکانات آموزشی و درمانی برای هر فرد از بدو تولد رایگان باشد. اینکه هر شهروند کشور بیمه باشد. اینکه هر کس در جامعه از مزایای بازنشستگی بهره‌مند باشد. اینکه در صورت نداشتن کار، حقوق هفتگی یا ماهانه، مسکن و امکانات رایگان تحصیلی، کاریابی، کارآموزی و یا دوره های آموزشی و تقویتی برای فرد بیکار موجود و تامین باشد. کشورهایی که از ساختار اجتماعی پیشرفته ای بهره‌مندند، این موارد رفاه اجتماعی را در سرلوحه برنامه های خود دارند. در میان کشور های جهان، کشورهایی که این موارد را به بهترین شکلی اجرا میکنند، کشورهای اسکاندیناوی چون دانمارک، سوئد و نروژ هستند. جامعه ایران مانند جامعه هر کشور دیگری از بخشها و اقشار مختلفی تشکیل میشود. نسل جوان همیشه بخش مهمی از جمعیت یک کشور را شکل میدهد. سالمندان، بخش مهم دیگر جمعیت یک کشور را شکل میدهند. بخش دیگری از جمعیت که نیاز به مراقبتها و امکانات ویژه ای دارد مصدومین، معلولین و بیماران هستند که همواره در هر جامعه ای وجود دارند. رفاه اجتماعی در یک نظام آزاد و مترقی به بهترین شکلی نصیب اقشار مختلف جامعه میشود. هر نوزادی که در کشور متولد میشود بعنوان یک شهروند جدید خودبخود از کلیه حقوق و امکانات اجتماعی، رفاهی، بهداشتی، درمانی و آموزشی رایگان برخوردار میگردد. با پایان دبیرستان، دانشگاهها بدون امتحان ورودی به روی دانشجویان باز و تحصیلات عالی در مقطع دانشگاهی نیز برای هر دانشجو رایگان خواهد بود. در یک کشور پیشرفته، سالمندان و آرامش و آسایش زندگی آنها از هر نظر مورد توجه و رسیدگی قرار دارد. در یک نظام مترقی، هر شهروندی در سن بازنشستگی، مشمول مزایا و قوانین بازنشستگی میشود حال چه بیست یا سی سال یا بیشتر کار

کرده باشد یا اصلا بیکار بوده باشد، فراخور سابقه خود، حقوق و مزایای دوران بازنشستگی را دریافت میدارد و این حقوق و مزایا، خورد و خوراک، مسکن، مخارج دیگر برای خرید وسایل، سفر، اوقات فراغت و تفریحات را دربرمیگیرد و همچنین خدمات و امکانات دارویی، پزشکی و نگهداری را تامین و تضمین میکند. همه مواردی که برشمرده شد، در خصوص مصدومین و معلولین جامعه نیز اجرا میگردد ضمن اینکه ضروری است خدمات، امکانات، وسایل و ساختارهای کشور بگونه ای طراحی و ساخته شوند که با توجه به وضعیت سالمندان از یکسو و شرایط مصدومین و معلولین از سوی دیگر، مناسب استفاده آنها یا کلا مخصوص آنها واقع شوند. برای مثال، هم سالمندان و هم معلولین به وسایل حمل و نقل عمومی ویژه ای نیاز دارند که دارای امکانات فراخور حال آنان باشد. در یک جامعه پیشرفته، پیاده روها، پلهای هوایی، راههای زیرزمینی، ایستگاههای مترو، دستشوییها، پارکینگها و ساختارهای دیگر شهری و کشوری تا جاییکه امکان دارد طوری طراحی و ساخته میشوند که شهروندان سالمند یا معلول نیز بتوانند از آنها استفاده کنند. مقوله رفاه اجتماعی و ارزیابی چند و چون آن، از مهمترین ارکان شناسایی شاخص پیشرفتگی یا درماندگی یک کشور بشمار میرود

هویت ملی

هویت ملی ایران، مانند هویت هر کشور دیگر جهان آمیخته ای از دستاوردها و ارزشهای تاریخی در گذشته، ویژگیها و کارنامه معاصر و امروزی و مجموعه ای از داده ها و گرفته ها یا تاثیرگذاری و تاثیرپذیری در زمینه های گوناگون و در عرصه تعاملات جهانی را دربرمیگیرد. در این میان، ایران ضمن اینکه کشوری با ویژگیهای خاص و منحصر بفرد خود شناخته میگردد همزمان کشوری است مانند کشورهای دیگر و برخوردار از ویژگیهای کشورهای دیگر. یکی از بارزترین نشانه های هویت ملی، پرچم یک کشور است. رنگ یا رنگها یا شکل و شمایل پرچم ملی معمولا نه تنها عامل شناسایی مردمان یک کشور بلکه معمولا شاخصه شناخت فرآورده ها و کالاهای ساخت یک کشور نیز هست. اگرچه استثناهای بسیاری نیز وجود دارند. برای نمونه کالاهای ساخت ژاپن حاوی شکل و شمایل یا رنگهای پرچم آن کشور نیستند هرچند بی شباهتی پرچم ژاپن به پرچمهای دیگر، این امکان را فراهم میاورد که هرگاه دایره ای سرخ بر زمینه ای سفید دیده شود، این ترکیب بگونه ای کشور ژاپن را نمایانگر سازد. در مورد ایتالیا وضع بگونه ای دیگر است و رنگهای پرچم آن کشور بر بسیاری از فرآورده ها و کالاهایش بکار میرود. آمریکا، انگلستان، فرانسه، آلمان، دانمارک، نروژ و سوئیس از کشورهای دیگری هستند که رنگها و شکل و شمایل پرچمشان روی برخی از فرآورده ها و کالاهایشان نقش می بندد. در مورد ایران، با اینکه بسیاری از ایرانیان به پرچم سه رنگ سبز و سپید و سرخ بعنوان پرچم ملی خود دلبستگی دارند و با وجود اینکه در میان کشورهایی که پرچمشان همرنگ پرچم ایران است ایران اگر نه اولین که دستکم از اولین کشورهایی بوده که سه رنگ سبز و سپید و سرخ را برای پرچم ملی خود برگزیده است، با اینهمه امروزه این رنگها ابتدا بنام ایتالیا، سپس مکزیک و بعد مجارستان و تازه پس از آن شاید بنام ایران شناخته شوند. آنچه که این ترتیب بندی را شکل میدهد، کالاها و تبلیغات از یکسو و مولفه آبرومندی یک کشور از سوی دیگر است. ایران در زمینه پرچم،

دو راه پیش روی خود دارد. بهرمندی از پرچمی بیمانند با رنگهایی منحصر بفرد یا کار و کوشش برای شناساندن و تثبیت رنگهای سبز و سفید و سرخ بعنوان رنگهای ملی ایران. در گزینه نخست، ایران میتواند سه رنگ سرخ و زرد و بنفش را که در نامه های کهن فرهنگ ایران چون شاهنامه فردوسی همراه با درفش کاویان آورده شده است، رنگهای ملی خود بداند و پرچم ملی نوین ایران را که ریشه در تاریخ کهن ایران دارد بر پایه سه رنگ سرخ و زرد و بنفش استوار سازد. در این صورت پرچم ملی ایران و رنگهایش در میان پرچمهای کشورهای جهان یگانه و منحصر بفرد خواهد شد چرا که پرچم هیچیک از کشورهای جهان این ترکیب رنگها را ندارد و از اینرو هرگاه رنگهای سرخ و زرد و بنفش بچشم آیند خودبخود ایران را نمایان میسازند. بکارگیری این ترکیب بی همتای سه رنگ بر کالاهای ساخت ایران و فرآورده های ایرانی یا دستکم بر بخشی از تولیدات و محصولات کشور و در بسته بندیها میتواند عامل چشمگیر و کارسازی در شناسایی، بازاریابی، فروش، موفقیت و جهانگیری فرآورده ها و کالاهای ایرانی گردد بسته به اینکه این تولیدات و محصولات از نظر کیفیت یا مرغوبیت و همچنین از حیث خدمات شرکت سازنده یا ارائه گرشان در راس معیارهای جهانی قرار داشته باشند. در گزینه دوم، همین روند را با سه رنگ سبز و سفید و سرخ نیز میتوان پیش گرفت هرچند کار دشوارتر خواهد بود زیرا چند کشور نامدار که صاحب صنایع و محصولات معروف و معتبرند از همین رنگها سود میبرند و چه بسا سالها کار و تبلیغات گسترده و پیگیر خواهد برد تا جهانیان به محض دیدن رنگهای سبز و سفید و سرخ، نخست ایران را بیاد آورند. راه و گزینه سومی هم میتواند وجود داشته باشد و آن در پیش گرفتن گزینه های اول و دوم بطور همزمان است و سود جستن از دو پرچم یا دو ترکیب متفاوت سه رنگ، یکی سبز و سفید و سرخ، دیگری سرخ و زرد و بنفش. یکی دیگر از ارکان مهم هویت ملی، سرود ملی است. ایران با وجود داشتن سرودها و اشعار ملی و میهنی بسیار در گنجینه ادبیات و موسیقی خود همواره طی دهه های گذشته رسما از سرودی بهرمند نبوده است که بازگوکننده و نمایانگر یک سرود ملی به مفهوم واقعی کلمه باشد. تعریف سرود ملی، سرودی است

برای میهن، برای کشور، برای سرزمین، برای مردم، برای فرهنگ و نه برای پیشوا، پادشاه یا رهبر یا انقلاب و تفکری خاص. یک تعریف دیگر سرود ملی، سرودی است که بتواند روح تازه ای به جان مردمان یک کشور بخشد و اتحاد و همبستگی را استوار سازد. برای ایران طی دهه های گذشته، تنها سرودی که این ویژگیها را داشته، سرود «ای ایران، ای مرز پر گهر» بوده و شایسته است رسما سرود ملی ایران گردد. «ای ایران» سرودی است روحبخش و جانفزا برای هر ایرانی و شاید حتی یک ایرانی را نتوان یافت که با شنیدن این سرود از خود بیخود و دگرگون نشود. در مورد زبان به عنوان یک عنصر مهم هویت ملی میتوان گفت که ایران با غنای فرهنگی خود گذشته از زبان فارسی، خانه زبانهای دیگری نیز هست و در یک نظام آزاد، آزادی عمل این زبانها در حوزه های آموزشی و تحصیلی، فرهنگی و رسانه ای به همان اندازه امری طبیعی و بدیهی خواهد بود که نقش زبان فارسی به عنوان شاهراه ارتباطات میان مردمان ایران و یکی از زمینه های مهم وحدت ملی. در مجموع میتوان گفت بهترین عنصر هویت ملی همان اصل آزادی است. این اصل آزادی و آزادگی است که نه تنها میتواند اختلافات، تفاوتها و تضادها در یک جامعه را حول محور خود وحدت بخشد بلکه همچنین میتواند راه تجربیات تازه، توسعه و پیشرفت یک کشور را هموار سازد. چنانچه فرهنگ ایران به عنوان مهمترین اصل هویت ملی، مجموعه دستآوردها و کارنامه مردم ایران در طول تاریخ دانسته شود، همواره بهتر است بیاد داشته شود که اصل آزادی و آزادگی، جایگاه ویژه ای در فرهنگ ایران دارد. آزادی و آزادگی در سراپای فرهنگ ایران نه تنها جاری و ساری است که هسته بنیادی، ستون مرکزی و عامل سازنده فرهنگ ایران است. به سخنی دیگر، آزادی و آزادگی، فرهنگساز و فرهنگپرور ایران است. این تعریف نه تنها در مورد ایران که برای هر کشور دیگری صادق است

اصل بیطرفی

بهترین راه توسعه و پیشرفت برای کشور ایران، پیروی از اصل بیطرفی است. اصل بیطرفی در عرصه دیپلماسی یعنی اصل آزادی در سیاست خارجی و در نتیجه آزادی عمل و باز بودن دست دولت در روابط بین الملل. البته استثناها همیشه میتوانند وجود داشته باشند و گاه شاید عضویت در اتحادیه ها یا سازمانهای منطقه ای یا بین المللی بسود یک کشور باشد هرچند قراردادن اصل بیطرفی در سرلوحه امور سیاستگذاری کشور و رعایت این اصل میتواند همواره فرصتهای تازه ای را برای کشور همراه آورد. کشوری که بیطرف باشد قادر است در راستای تامین منافع ملی خود هرگونه سیاستی را اتخاذ کند ضمن اینکه مدافع یا مبلغ هیچگونه سیاست خاصی نخواهد بود. در این میان بدیهی است که حساب پیمانها و سازمانهای مستقل همکاری که در مسیر اهداف انسانی و همبستگی جهانی حرکت و تلاش میکنند و کل جامعه بین المللی را در برمیگیرند جدا از بحث رعایت اصل بیطرفی است. شاید بهترین کشوری را که بتوان به عنوان نمونه کشوری بیطرف مثال آورد سوئیس باشد. سوئیس هم بیطرف است هم آزاد و مستقل و هم توسعه یافته، صنعتی، ثروتمند و پیشرفته. شاید مهمترین کاربرد رعایت اصل بیطرفی در سیاست خارجی یک کشور، زیر پا نگذاشتن و فدا نکردن مصالح و منافع ملی در برابر ملاحظات یا تعهدات چندملیتی، منطقه ای یا فرامنطقه ای باشد. اتحادها و ائتلافاتی فراملی و فرامرزی که میتوانند بنا به اشتراکات مکتبی یا مذهبی و یا مصالح و منافع سیاسی، راهبردی، اقتصادی و یا مجموعه ای از این موارد منظور شوند اگر به دسته بندی و جدایی میان خانواده ملل بیانجامند نه تنها برای منافع ملی بطور خاص بلکه میتوانند برای کل جامعه بین المللی بطور عام زیانبار باشند. مگر اینکه اینگونه پیمانها، اصل سیاست بیطرفی را خدشه دار نکنند و اگر گروه، اتحادیه یا سازمانی را ایجاد میکنند این تشکلها، فارغ از هرگونه تبعیض و تضادی باشند و به عنوان زیرمجموعه ای از سازمانهای جهانی در راستای اهداف کل جامعه بشری عمل و حرکت کنند

پیشگامی در برچیدن نیروی نظامی

کشوری آبرومند در جامعه جهانی میتواند طرح برچیدن نیروهای نظامی در جهان را به جامعه بین المللی ارائه کند. طبیعی است این کشور برای ارائه چنین طرح موثر و بزرگی به نهادهای جهانی، نه تنها نمیتواند نقطه ضعفی داشته باشد بلکه لازم است از هر نظر کشوری نمونه باشد. تنها در چنین حالت و با چنین صفاتی است که یک کشور میتواند چنین طرح عظیمی را در مجامع بین المللی مطرح کند و اطمینان داشته باشد که پیشنهادش جدی گرفته خواهد شد. اهمیت برچیدن نیروهای نظامی در جهان بخاطر این مسئله است که همواره بخش اعظم بودجه تقریبا کلیه کشورهای جهان به امور نظامی و خرید سلاح اختصاص می یابد. همزمان تولید اسلحه و ادوات جنگی و خرید و فروش سلاح و تجهیزات نظامی، بزرگترین تجارت جهان ارزیابی شده است. شاید اولین پرسشی که در برابر طرح جهانی عاری از نیروهای نظامی مطرح شود این باشد که شرکتها و کارخانه های اسلحه سازی چگونه میتوانند از چنین تجارت عظیمی کنار بروند یا تعطیل شوند. تکلیف کارمندان و کارگرانشان چه خواهد شد. اصولا سازندگان جنگ افزارها و مراکز تولید سلاح چگونه میتوانند از ارقام نجومی در معاملات تسلیحاتی صرفنظر کنند. پاسخ به این پرسش اصلی شاید این باشد که زمینه های کاری فراوانند و چنانچه مراکز اسلحه سازی به مراکز تحقیقاتی در عرصه پزشکی برای درمان بیماریها و رفع معلولیتها تبدیل شوند این راهکار چه بسا بتواند با ایجاد انگیزه ای مثبت و قوی نه تنها طرح غیرنظامی شدن جهان را عملی سازد بلکه بتواند نیروی مقابله و برخورد با بیماریها و معلولیتها را بطرز چشمگیری افزایش دهد. سرلوحه چنین طرح عظیمی این است که انسان با انسان جنگ ندارد، ملتی با ملتی دیگر نبرد نمیکند بلکه انسانها با کمک هم و ملتها در کنار هم برای گشودن رازهای دانش تلاش میکنند. برچیدن نیروی نظامی کار تازه ای نیست و شماری از کشورها اکنون چند دهه ای است که فاقد ارتش هستند هرچند بیشتر این کشورها یا بسیار کوچک هستند یا تحت الحمایه کشورهای بزرگ هستند. برای

مثال، کوستاریکا اولین کشوری بشمار میرود که نیروی نظامی خود را برچیده است. پاناما، هائیتی و ایسلند نیز از کشورهایی هستند که ارتش ندارند هرچند از نیروی نظامی محدودی برخوردارند. با اینهمه هنوز کشوری در راه غیرنظامی شدن گام نگذارده است که بتواند بطور بالقوه توجهات جهانی را به این امر حیاتی جلب کند. ایران با توجه به ویژگیها و ظرفیتهای انسانی، فرهنگی و تاریخی خود میتواند در اینراه پیشگام گردد هرچند برای گام گذاردن در اینراه لازم است بدون نقطه ضعف باشد. در راه خلع سلاح و غیرنظامی ساختن کشورهای زمین، کشوری میتواند موثر و موفق عمل کند که در درجه اول آزاد باشد. یعنی یک نظام آزاد بر آن حکمفرما باشد. چنین کشوری چنانچه پیشرفته هم باشد توان بیشتری برای پیشبرد هدف غیرنظامی ساختن کره زمین خواهد داشت و چنانچه پیشرو نیز باشد توانش برای انجام این کار سترگ باز هم بیشتر خواهد بود. بطور کلی کشوری قادر است در مسیر ساختن یک کره زمین بدون جنگ افزار و ارتش نقش برجسته ای ایفا کند که نمونه باشد. چنین کشوری با داشتن کارنامه ای خوب و درست و بهرمندی از امتیاز آبرومندی میتواند کشورهای دیگر را در راه غیرنظامی شدن راهنمایی و نظر آنها را به فواید اینکار جلب کند. در کار برچیدن ارتشها و جنگ افزارها و غیرنظامی ساختن سیاره زمین، دو یا چند کشور بالقوه یا جمعی از کشورها همراه دستکم یک کشور بالقوه نیز میتوانند به اتفاق و همزمان پیشقدم شوند

تخصیص بودجه کلان نظامی به امور غیر نظامی

با برچیده شدن ارتشها و جنگ افزارها از کشورها، بودجه کلانی که پیوسته هر سال به امور نظامی اختصاص می یابد میتواند صرف رفاه اجتماعی و پژوهشهای علمی شود. رفاه اجتماعی خود زمینه بسیار گسترده ای است که ابعاد گوناگونی از زندگی مردم یک کشور را دربرمیگیرد. ابعادی چون کار و حقوق مناسب و مزایای مطلوب شغلی، مسکن درست، تغذیه سالم، تحصیل رایگان، خدمات پزشکی، درمانی و بهداشتی رایگان، امکانات ورزشی و تفریحی، حقوق و مزایای بازنشستگی، امکانات و خدمات برای سالمندان و برای معلولین و ..... به موازات عرصه های مختلف رفاه اجتماعی، تحقیقات علمی و دستآوردهای دانش میتواند فرصتها و امکانات جدیدی را پدید آورد و در نتیجه سطح رفاه عمومی جامعه را افزایش دهد. همه اینها و بیشتر میتواند محصول رهاسازی بودجه کلانی باشد که هر کشور سالانه به امور نظامی خود اختصاص میدهد. حوزه نظامی یا دفاعی، معمولا عمده ترین بخش بودجه بیشتر دولتها را تشکیل میدهد. حذف بودجه نظامی و جابجایی این مبلغ نجومی به عرصه های تحقیقات علمی و رفاه عمومی شاید کاری نشدنی بنظر برسد اما با توجه به رقم کل مخارج نظامی دولتها در سال که بنا بر گزارشهای رسمی بالغ بر یک تریلیون دلار ارزیابی شده است تفکر به این مسئله و یافتن راهی برای برون رفت جامعه بشری از چنین وضعی، نه تنها معقول و منطقی که ضروری بنظر میرسد. یک حساب تقریبی نشان میدهد که اگر رقم رسمی کل هزینه های نظامی سالانه دولتها را دستکم یک تریلیون دلار قرار دهیم و این مبلغ را بخش بر حدود دویست کشور ریز و درشت سیاره زمین کنیم، سهم هر کشور معادل پنج میلیارد دلار در سال خواهد بود. حساب سرانگشتی دیگری نشان میدهد چنانچه این مبلغ بین هفت میلیارد تن جمعیت کره زمین یعنی حدودا کل جامعه بشری امروز تقسیم شود سهم هر فرد بیش از یکصد و چهل دلار در سال خواهد بود. اینجاست که پی برده میشود چقدر به

طرح و راهی نو نیاز است. طرح و راهی که بتواند این سرمایه های عریض و طویل و سنگین را در مسیر درست و سازنده ای برای جامعه بشری مهندسی کند و به جریان بیاندازد. طبیعی است اختلافات، رقابت و قدرت طلبی دولتها از عوامل اصلی این سرمایه گذاریهای نجومی سالانه در امور نظامی یا دفاعی است ضمن اینکه به موارد فوق، بی اعتمادی دولتها به یکدیگر و لزوم تامین امنیت و حفظ آنرا نیز میتوان افزود. همه این عوامل بدلیل تداوم وضعیتی موجودند که در آن دولتها و به تبع آن، جوامع و انسانها رو در روی یکدیگر قرار گرفته اند. با برچیده شدن ارتشها و حذف بودجه های کلان نظامی، تخصیص بخشی از این سرمایه ها به پژوهشهای علمی میتواند توان و سرعت تلاشها برای کشفیات جدید و اختراعات تازه را به نحو چشمگیری افزایش دهد

خودسازی و نوآوری

یک ایران آزاد همواره میتواند در راستای خودسازی و نوآوری پویا و موفق عمل کند. با بهره‌مندی از یک نظام آزاد ایرانیان برای خودسازی و نوآوری دستشان باز خواهد بود. بویژه در عرصه نوآوری که تحت چارچوب حکومتی خودکامه قرار نخواهد داشت. نوآوری، خود سهم بسزایی در خودسازی دارد. مردمی که بتوانند در زمینه های دانش و هنر و فن آوری و صنعت دستآوردهای تازه و کارآمدی بدست دهند معیار های جدید را تعیین میکنند. برای مثال شرکت آمریکایی «مایکروسافت» با ارائه برنامه «ویندوز» و شرکت دیگر آمریکایی، «اپل» با ساختن «آیفون» نه تنها کالایی نوبر بلکه استانداردهای تازه ای در نوع این کالاها بدست میدهند. استانداردهایی که شرکتهای رقیب در کشورهای دیگر را بر آن میدارد که برای تولید نوع بهتر یا دستکم مشابه و مقرون به صرفه تر این کالاها دست بکار شوند. خودسازی و نوآوری به شکل آزاد و تمام و کمال و آنگونه که باید و شاید نمیتواند در حکومتی خودکامه و استبدادی جریان یابد. در اتحاد جماهیر شوروی سابق که یک نظام تمامیت خواه و بسته بود خودسازی و نوآوری در چارچوب رقابت با ابرقدرت دیگر، ایالات متحده آمریکا قرار داشت و با اینکه شوروی سابق در برخی عرصه ها از رقیب خود پیش بود اما بدلیل فقدان آزادیهای فردی و سیاسی و عدم وجود تنوع و حق انتخاب در دو زمینه اساسی سیاست و بازار، نه تنها این رقابت را واگذار کرد بلکه کل نظام ایدئولوژیک آن از هم فروپاشید. چین نیز با داشتن یک نظام ایدئولوژیک، دستی باز برای نوآوری نداشته هرچند با بهره‌مندی از مؤلفه جمعیت بالا و نیروی کار پرشمار و نیز اجرای اصلاحات اقتصادی که فعالیت بخش خصوصی، سرمایه گذاری شرکتهای خارجی و سرمایه داری را ممکن ساخته، توانسته است با کاهش فقر در حیطه خودسازی موفق عمل کند. چین با وجود بهره‌مندی از بالاترین نرخ رشد اقتصادی که اقتصادش را دومین اقتصاد بزرگ جهان ساخته، به عنوان پرجمعیت ترین کشور جهان و به عنوان کشوری بزرگ، با فرهنگ

و تاریخی همچنان از آزادی بی بهره است. در کنار چین، هند، کشور بزرگ، با فرهنگ و تاریخی دیگر است که پس از چین دومین کشور پرجمعیت جهان بشمار میرود. هند اما با وجود فقر گسترده از یک نظام آزاد بهرمند است و به عنوان بزرگترین دمکراسی جهان شناخته میشود. اگر از راه توسعه اقتصادی بتوان از یک نظام استبدادی یا غیر آزاد به یک نظام آزاد رسید یا در حالتی دیگر اگر یک نظام آزاد بتواند به توسعه اقتصادی برسد که این حالت دوم، معقول تر و منطقی تر بنظر میرسد، در هر دو وضعیت، دو شاخصه مهم کارکرد درست یک کشور یعنی بهرمندی از یک نظام آزاد سیاسی و رشد و توسعه اقتصادی بدنبال هم پدیدار و در کنار هم شکوفا خواهند شد که این میتواند حالت بهتر باشد هرچند اگر از طریق توسعه اقتصادی نتوان از یک نظام استبدادی به یک نظام آزاد دست یافت که معمولا نیز چنین است و در حالت دیگر، یک نظام آزاد نتواند به توسعه اقتصادی دست یابد بنظر میرسد جامعه و کشوری که از یک نظام آزاد بهرمند است نه تنها میتواند امیدوارتر و خوشبختتر از جامعه و کشوری باشد که از توسعه اقتصادی برخوردار است بلکه امکان بهرمندی اش از توسعه اقتصادی در آینده میتواند بالاتر از امکان دستیابی آن جامعه و کشور برخوردار از توسعه اقتصادی به یک نظام آزاد باشد. اجمالا میتوان گفت یک کشور ویران اما بهرمند از یک نظام آزاد، بهتر از یک کشور آباد اما تحت حکومتی استبدادی است که معمولا اینگونه هم نیست و کشورهایی که صاحب نظام های آزادند، توسعه یافته تر، پیشرفته تر، آبادتر و آبرومندتر از کشورهایی هستند که تحت حکومتهای استبدادی قرار دارند و عقب افتادگی، ویرانی و درماندگی، بیشتر در کشورهایی مشهود است که گرفتار حکومتهای غیرآزاد، استبدادی یا تمامیت خواه هستند ولی حتی اگر بتوان کشوری را فرض کرد که تحت حکومتی استبدادی، توسعه، آبادی و پیشرفت یافته باشد میتوان پرسید زندگی در قفسی طلایی چه فایده ای میتواند داشته باشد. در یک ایران آزاد، خودسازی و نوآوری در زمینه های گوناگون میتواند به طرز چشمگیری شکوفا گردد. حالتهای دیگری هم میتواند به وجود آید که به وابستگی کشور یا افزایش وابستگی و یا کاهش آن بیانجامد. در ایرانی آزاد چنانچه جامعه در عرصه خودسازی

و نوآوری موفق عمل نکند ممکن است به جامعه ای مصرف کننده، مقلد و دنباله رو و در نتیجه وابسته تبدیل شود و یا از دیدگاهی دیگر، در چنین حالتی امکان دارد وابستگی کشور عمقی بیشتر و ابعادی دیگر بیابد. در چنین وضعیتی جامعه به بازاری برای محصولات و کالاهای کشورهای دیگر و عرصه ای برای استقرار ارزشهای خارجی تبدیل میشود. حالتی مخرب که میتواند با آفتهایی چون از خودبیگانگی و عقب افتادگی همراه باشد. از مشخصه های یک نظام آزاد، بهره مندی از بازار آزاد است و طبیعی ترین حالت یک بازار آزاد، عرضه فرآورده ها و کالاهای گوناگون داخلی و خارجی است. در معمول ترین وضعیت، تعادلی میان کالاهای داخلی و خارجی وجود دارد. در بدترین وضعیت، محصولات خارجی کل بازار را قبضه کرده اند و در بهترین وضعیت، فرآورده های ملی از نظر کیفیت و اعتبار چنان نامدارند که کمتر کسی سراغ محصولات خارجی میرود. در یک ایران آزاد مهم است کشور در همه زمینه ها سازنده و نوآور باشد. این سازندگی و نوآوری کلیه عرصه های علمی، صنعتی، فرهنگی و هنری را دربرمیگیرد. برای نمونه در عرصه فرهنگی و هنری، کشور میتواند سازنده فیلم و سریال برای سینما و تلویزیون باشد یا خریدار و نمایشگر فیلم ها و سریالهای خارجی و یا دارای هر دو وضعیت با هم. مثال دیگری که میتوان آورد در زمینه طراحی و تولیدات اسباب بازی و بازیهای رایانه ای است. در این زمینه نیز میتوان مشتری کالاهای خارجی و یک واردکننده بود یا تولیدکننده ابتکارات خارجی یا مبتکر و طراح و سازنده اصلی و یا برخوردار از هرگونه ترکیب این حالات با هم. یا مثلا فروشگاهها یا اغذیه فروشیهای زنجیره ای خارجی طبیعی است که بخواهند در یک ایران آزاد شعبه باز کنند و در این میان فروشگاهها یا اغذیه فروشیهای زنجیره ای بومی میتوانند با ابتکار عمل، ارائه کار و کیفیت بهتر، نه تنها به رقابت بپردازند بلکه گوی سبقت را از آنها بربایند. عرصه علمی شاید مهمترین زمینه برای خودسازی و نوآوری یک جامعه باشد. این عرصه علمی و یافته ها و راهکارهای تازه دانش است که عرصه های دیگر را سیراب و بارور و شکوفا میسازد. برای نمونه در دو رشته نوین نانوتکنولوژی و یاخته های بنیادی، چشم انداز های پیشرفت،

فراخ و گسترده و دستمایه های نوآوری و سازندگی فراوانند. یافته ها و ساخته ها و بطور کلی رهآوردها و دستآوردهای تنها همین دو رشته نوپا میتوانند کل عرصه های صنعتی، فرهنگی، هنری و رشته ها، شاخه های وابسته و زیرمجموعه های آنها را دگرگون کنند. فرآورده هایی که از نویافته های علمی برون میآیند و سرازیر میگردند با تعیین تراز های تازه و معیار های برتر، بازار تولیدات ملی را زیر و رو میکنند و عرصه بازرگانی و دارایی کشور را ارتقا میدهند. از نگاهی دیگر چنانچه درونمایه فرهنگ، کارها، دستآوردها، کارنامه و گنجینه یک کشور در همه زمینه ها دانسته گردد، زمینه فرهنگ، ارجدارترین، برجسته ترین و کارسازترین زمینه شناخته میگردد. با این تعریف از مفهوم فرهنگ، عرصه فرهنگی از چنان ارزش و اهمیتی برخوردار میشود که میتواند همه عرصه های دیگر بویژه عرصه علمی را دگرگون سازد. با این برداشت، کشوری عقب مانده و توسعه نیافته نیز میتواند به پشتوانه ارزشهای فرهنگی خود به دانشهای نو دست یابد و راه نوسازی و پیشرفت را بپیماید

خودکفایی و ارزشهای فرهنگی

خودکفایی و ارزشهای فرهنگی شاید در جهان امروز که کشورها و جوامع روزبروز به یکدیگر پیوسته تر میگردند معنای چندانی نداشته باشد هرچند از نگاهی دیگر این دو مقوله همچنان وجود دارند و چه بسا تعریف جامع تری یافته باشند. خودکفایی به معنای عدم همکاری نیست بلکه مفهوم آن عدم وابستگی است. البته نه تنها در جهان امروز که در طول تاریخ نیز جوامع بشری و ملتها کمابیش به یکدیگر نیازمند یا وابسته بوده اند. با اینهمه کشورهایی بوده و هستند که با دور اندیشی و برنامه ریزی بستر تامین نیازهای اساسی خود را فراهم آورده اند. نیازهای اساسی یک کشور در درجه نخست آب، مواد غذایی، منابع انرژی و امکانات درمانی و بهداشتی هستند. امکانات ارتباطی، حمل و نقل، پوشاک و کفش، راه و ساختمان، تامین امنیت، تولید و صادرات نیز از زمینه های اساسی مورد نیاز یک کشور بشمار میروند. برای خودکفایی، هر یک از این موارد به نیروها، نهادها و ساختارهایی نیاز دارند که جامعه برای آن بسترسازی میکند و آنرا پرورش میدهد. مواردی که برشمرده شد هریک دایره وسیعی را در بر میگیرند و زیرمجموعه گسترده ای را تشکیل میدهند. برای نمونه، یک کشور برای خودکفایی در امر مواد غذایی در گام نخست به کشاورزی، دامپروری و شیلات نیاز دارد. حال شاید برخی جوامع یا کشورها به دلیل شرایط اقلیمی و جغرافیایی یا وضعیتی خاص امکان فعالیت در این عرصه ها و در نتیجه بهره وری از آنها را نداشته باشند که این بدترین حالت است اما معمولا هر کشوری از امکان فعالیت دستکم یکی از این عرصه ها و بهره وری از آن برخوردار است. اگر کشوری برای مثال در عرصه ماهیگیری مستعد و فعال است و امکان فعالیت در عرصه های دیگر را ندارد بهتر است با تمرکز بر این عرصه آنرا چنان برنامه ریزی و تقویت کند که نه تنها توانایی تامین مواد خوراکی کل جامعه خود را حداقل در شرایط خاص یا اضطراری از راه منابع غذایی دریایی داشته باشد بلکه بتواند در عرصه تولیدات فرآورده های دریایی چنان عمل کند که از راه

صادرات این محصولات ضمن کسب درآمد و فعالیت اقتصادی، کاستیها در عرصه مواد خوراکی مورد نیاز جامعه را از راه واردات تامین کند. برای یک کشور آزاد، کاهش میزان وابستگی به یک کشور یا کشورهای دیگر در همه زمینه ها و رساندن میزان وابستگی به حداقل درجه اگر نه قطع کامل آن میتواند از والاترین اهداف یک جامعه بهرمند از یک نظام آزاد باشد. هر اندازه که نیاز، اتکا یا وابستگی کشوری به خارج بیشتر باشد به همان تناسب و چه بسا بیشتر ناگزیر به امتیازدهی و حتی در برخی موارد پایمال شدن یا از دست رفتن حقوق خود در مناسبات و تعاملات بین المللی خواهد شد. بر این اساس استقلال یک کشور و عدم وابستگی اش میتواند ارتباط مستقیمی با آزادیهای فردی و اجتماعی آن کشور داشته باشد. در امر خودکفایی، مرحله ای فراتر از تامین نیازهای اساسی یک کشور در درون کشور و بدست مردم آن کشور، مرحله ای است که در آن دانش سخن نخست را میگوید و سرچشمه همه زمینه ها پیشرفت علمی، نوآوری و فن آوری است. برای نمونه در عرصه فضا، یک کشور میتواند با کمک یک کشور دیگر یا با همکاری شماری از کشورها و یا در قالب یک سازمان چندملیتی یا بین المللی فعالیت کند هرچند چنین فعالیتی هنگامی یک کار و تلاش ملی بشمار میرود که خود آن کشور بتواند آنرا انجام دهد یا دستکم سهم عمده و بخش بیشتر اجرای آنرا در دست داشته باشد. از اینرو برای یک کشور آزاد، خودکفایی در این مرحله نیز میتواند اهمیت ویژه ای یابد. خودکفایی در مرحله بالاتر از توانایی تامین نیازهای اساسی کشور بدست مردم کشور، یعنی در مرحله ای که ملتی در عرصه های علمی و فن آوری ابتکار عمل را بدست دارد و نوآوری میکند نشانگر پیشرفته بودن آن کشور است. ارزشهای فرهنگی نیز در این راستا برای یک کشور آزاد اهمیتی حیاتی دارند. این ارزشهای فرهنگی نه تنها میتوانند پشتوانه های یک ملت باشند که ریشه در گذشته ها و تاریخ آن ملت دارند که میتوانند نمونه هایی با شکل و فرم تازه و در قالب های نو باشند که از بستر فرهنگ آن ملت سر برون آورده اند. حالت دیگری هم میتواند وجود داشته باشد که در آن ارزشهای فرهنگی نوینی بمیان میآیند که شاید ارتباطی با میراث و گذشته فرهنگی آن ملت نداشته باشند یا کمترین ارتباط و یا تاثیرپذیری

را داشته باشند هر چند وارد گنجینه فرهنگ آن ملت میگردند و با پیوستن به فرهنگ ملی رفته رفته و با گذشت زمان خودبخود بخشی از فرهنگ میشوند. به همان سان که استقلال، عدم وابستگی و خودکفایی در تامین نیاز های کشور امری مهم جلوه میکند، تکیه بر ارزشهای فرهنگی کشور و فرهنگپروری و فرهنگسازی نیز از پایه ها و بستر های سازنده ای بشمار میرود که میتواند ملتی را بسوی خودکفایی رهنمون کند. در این میان، ایران از معدود کشور هایی است که روز استقلال ندارد. این در حالی است که بر اساس منابعی که داده های موجود تاریخی شناخته میشوند، ایران در طول تاریخ خود چند بار به اشغال و تسخیر بیگانگان در آمده و حتی مستعمره آنها نیز شده است. بر مبنای این برداشت، ایران در بر هه هایی از تاریخ پر فراز و نشیب خود گاه به مدت قرن های پیاپی وجود عینی و خارجی نداشته و یک واحد سیاسی جغرافیایی شناخته نمیشده است. بنا بر مجموعه روایات و مدارکی که آثار و اسناد تاریخی دانسته میشوند و اطلاعات تاریخی از آنها استخراج و اقتباس میگردد، در دوره استیلای مقدونی ها، بعد اعراب و بعد از آن مغول ها، ایران با از دست دادن استقلال خود عمدتا بخشی از قلمروی حکمرانی آنها شمرده میشد و نه تنها استقلال سیاسی و جغرافیایی خود را از دست داده بود بلکه تحت استعمار و حتی استثمار قرار گرفته بود. با اینهمه ایران هر بار به پشتوانه ارزشهای فرهنگی خود استقلال خود را دگرباره بدست آورد و ایرانیان با پی ریزی و پدیدآوردن فرمانرواییهایی چون اشکانیان، سامانیان، صفاریان، زیاریان، بوییان و صفویان باز روی پای خود ایستادند و بسوی خودکفایی پیش رفتند. از اینرو اینکه ایران، روز استقلال ندارد شاید از این جهت بوده که ایران در طول تاریخ، چند بار استقلال خود را از دست داده و ایرانیان هر بار پس از پیکار ها و پایداریها و پافشاریهایی که گاه چند قرن بطول انجامیده است دگرباره استقلال خود را بدست آورده اند. شاید هم چونکه ایران یکی از کهنترین کشور های جهان شناخته میگردد و سرآغاز بنیاد و پیدایش ایران را نمیتوان یافت داشتن روزی بنام روز استقلال که معمولا کشور های جدید یا کشور های رهایی یافته از بند استعمار در تقویم خود دارند بیهوده و بی معنا بوده است. به هر رو برای یک ایران آزاد، کوشش برای رساندن کشور به

خودکفایی در همه زمینه ها و شناسایی، بازآفرینی، نوسازی، پیشرفت، پیشبرد و گسترش ارزشهای فرهنگی کشور و نیز آفرینش ارزشهای نوین فرهنگی میتواند برنامه هایی پیگیر، پیوسته و پایدار برای مردم ایران باشد که سودمند خواهد بود چنانچه بیش از اهداف روندی معمول و عادی جدی گرفته و مورد توجه، کار، کوشش و بازدهی واقع شوند. با توجه به ویژگیهای ایران، یک ایران آزاد یعنی ایرانی بهرمند از یک سیستم آزاد سیاسی، بدون نقطه ضعف و پیرو منشور جهانی حقوق بشر میتواند در همه زمینه ها آفریننده، سازنده، نوآور، پیشرو و پیشآهنگ گردد. برخلاف کشورهایی که از نظر نیروی انسانی، منابع، ذخایر و سرمایه های طبیعی و شرایط اقلیمی با محدودیتها یا کمبودهایی روبرو هستند ایران در میان آندسته از کشورهایی قرار دارد که از هر حیث غنی و ثروتمند ارزیابی میگردند. همه راههای پیشرفت ایران و خوشبختی ایرانیان باز است. اگر در ایران زمینه ها و عرصه هایی ناکارآمد، زیان آور، ایستا و یا بسته هستند بیشتر بخاطر محدودیت ها، حساسیت ها، تعصبات و ممیزی هایی است که خود جامعه بخود روا داشته و خود را دست و پا بسته و علیل کرده است. این سخن شاید بجا باشد که هر چه کاشته شود همان درو و برداشت میشود و یا هرچه در آش ریخته شود در قاشق می آید. فرض شود در ایران آزاد، کمپانی آمریکایی «والت دیسنی» بخواهد با احداث یک پارک تفریحی و یا ایجاد فروشگاههای زنجیره ای کالاهای خود، شعبه یا شعباتی در کشور باز کند. در کنار یکچنین سرمایه گذاری خارجی که میتواند کارآفرینی، بازدهی اقتصادی و انتقال تجربیات را همراه آورد، ایرانیان هم میتوانند پارک تفریحی یا پارکهای تفریحی «شهر قصه» و فروشگاههای سراسری فرآورده های برآمده و نوساخته از شاهکار «بیژن مفید» را تاسیس کنند. در زمینه نوسازی و بازآفرینی ارزشهای فرهنگی ایران در عرصه های دیگر هنری و با راهها و ابزارهای نوین، برای نمونه آیا ایرانیان داستانهای «شاهنامه فردوسی» را اگر نه فراتر از معیارهای جهانی فیلمسازی، دستکم همتراز با استانداردهای بین المللی روز و به شکل شایسته در قالب آثار بلند و بزرگ سینمایی و مجموعه های تلویزیونی ساخته اند؟ داستانهای «هزار افسانه» یا همان «هزار و یکشب» را چطور؟ «هفت

پیکر» نظامی را چطور؟ آیا ایرانیان این آثار را در عرصه خنیاگری،
آهنگسازی و نماآهنگسازی بدست داده اند؟ کارها و آهنگهای باربد را
بازآفریده اند؟ در عرصه هنرهای نمایشی و اجرایی چطور؟ آیا ایرانیان
این آثار را در عرصه هنرهای تجسمی چون نقاشی و مجسمه سازی و
در قالب سبک های نوین ارائه کرده اند؟ در قالب کتاب های مصور،
نقاشی متحرک یا کارتون و پویانمایی یا انیمیشن چطور؟ آیا ایرانیان
از روی قهرمانها، شخصیت ها و داستانهای این آثار برای کودکان و
نوجوانان ایرانی اسباب بازیهای رنگارنگ و گوناگون، چه در قالب
آدمک و عروسک، چه در قالب بازیهای رومیزی، جعبه ای یا اصطلاحا
تخته ای و چه در قالب بازیهای رایانه ای طراحی و تولید کرده اند؟
در اینجا در پهنه کیهان بیکران ارزشهای فرهنگی ایران، برای مثال
تنها به سه شاهکار فرهنگ ایران یعنی شاهنامه فردوسی، هزار افسانک
و هفت پیکر اشاره شد. روشن است چنانچه سراسر گستره کارها و
ارزشهای فرهنگی پرشمار ایران در نظر گرفته شود گستردگی برنامه
ها و کارهایی که میتواند در یک ایران آزاد پیگیری شود آشکار میگردد.
با اینهمه در یک ایران آزاد، تشخیص و شناخت مقوله خودکفایی و
ارزشهای فرهنگی کشور بر عهده اندیشمندان، روشنگران، کارشناسان
و نخبگان ملت است و هرگونه تعیین تکلیف در این زمینه میتواند نتیجه
معکوس دهد. در یک ایران آزاد، پیشبرد کارها به خواست و اراده
نهادهای اجتماعی چون تشکل های غیردولتی، اتحادیه ها، انجمنها و نیز
بخش خصوصی انجام می یابد و دولت ضمن مسئولیت ها و اختیارات
خود بیشتر نقش هماهنگ کننده و پشتیبان خواستها، برنامه ها و اهداف
عمومی و اجتماعی را ایفا میکند و از اینرو سیاستگذاریها و اقدامات
دولت بر اساس اراده و اهداف نهادها و تشکل های غیردولتی جامعه
شکل میگیرد و نه عکس آن. در حالات متفاوتی که میتواند وجود داشته
باشد، یک کشور ممکن است به خودکفایی رسیده باشد یا به آن نزدیک
شده باشد و همچنین در امر ترویج و ارتقاء ارزشهای فرهنگی خود
فعالیت مستمری داشته باشد اما کشوری آزاد نباشد. در حالتی دیگر،
کشوری ممکن است خودکفا نباشد و فعالیتی یا فعالیت چندانی در زمینه
ارزشهای فرهنگی خود به خرج ندهد اما کشوری آزاد باشد. در بدترین

حالت، کشوری است که نه خودکفا باشد، نه فعالیتی در حوزه ارزشهای فرهنگی خود داشته باشد و نه آزاد باشد و البته در بهترین و شاید آرمانی ترین حالت، کشوری است که آزاد است و اگر به طور کامل خودکفا نیست، توانایی تامین نیاز های اساسی خود را درون کشور و بدست مردم خود دار است و پیگیر، سازنده، پرورنده و گسترنده ارزشهای فرهنگی خود است

کانونهای قدرت و جریانات سیاسی ایران

در تاریخ معاصر ایران دو کانون قدرت و دو جریان سیاسی نقش بنیادی و اصلی را در تحولات کشور داشته اند. سلطنت و روحانیت به عنوان دو کانون قدرت و ملی و چپ به عنوان دو جریان سیاسی، بازیگران عمده و بالقوهٔ صحنه سیاسی ایران بوده اند. اوضاع ایران و گرفتاریهای ایرانیان این نتیجه گیری را میتوان بدست دهد که هیچیک از این مراکز و عناصر سیاسی عملکرد سازنده و درستی نداشته اند. این چهار طیف اصلی که از درونشان احزاب و سازمانهای مختلفی بیرون آمده اند واقعیت وجودی یکدیگر را کمتر درک کرده اند یا چه بسا اصلاً درک نکرده اند و از اینرو شاید بتوان گفت دانسته یا ندانسته، آگاه یا ناخودآگاه مبانی فکری یا منافع گروهی را بر مصالح کشور مقدم و ارجح دانسته اند. از این چهار عنصر مبدأ، سلطنت و روحانیت هر دو بر مصدر قدرت قرار گرفته اند و جریان ملی در مقاطعی رشتهٔ امور را بدست داشته است اما جریان چپ نتوانسته است سر کار بیاید. این چهار رکن اساسی عرصهٔ فعالیت ها و فعل و انفعالات سیاسی تاریخ معاصر ایران برای رسیدن به قدرت، گاه در برهه هایی با یکدیگر همراه شده اند و گاه با یکدیگر بر ضد دیگری ائتلاف کرده اند. شاید بتوان انقلاب مشروطیت را به عنوان نمونه ای بارز از برهه ای مثال زد که طی آن چهره های مترقی سلطنت و روحانیت و نیروهای ملی و چپ با هم همراه شدند. انقراض سلسله قاجار و آغاز عصر پهلوی را نیز شاید بشود مقطعی دانست که در آن دو رکن اساسی قدرت یعنی پادشاهی و روحانیت و دو جریان اصلی سیاست یعنی ملی و چپ همه با هم به استقبال از این دگرگونی شتافتند و دستکم موقتاً با آن همراه شدند اما بعداً رکن روحانیت و جریان چپ راه خود را جدا و موضع مخالف اتخاذ کردند. در مسئله آذربایجان و فرقه دموکرات هرچند سلطنت و روحانیت و جریان ملی در برابر جریان چپ و رگه ای از جریان ملی ایستادند. در همین اوان جریان مذهبی منبعث از روحانیت و منشعب از جریان ملی، بر ضد سلطنت، جریان ملی و جریان چپ وارد عمل شد. در نهضت ملی اما جریان ملی،

جریان چپ و جریان مذهبی در حالی در برابر عنصر پادشاهی قرار گرفتند که گاه و بیگاه به خاطر اختلافات خود با یکدیگر درمی افتادند. همزمان در کنار دستگاه پادشاهی رگه هایی از جریان ملی قرار داشت. در این میان موضع روحانیت، متفاوت، مقطعی و دو گانه بود به طوری که بخشی از روحانیت در برابر سکوت یا بی طرفی بخش دیگر، ابتدا از جریان ملی حمایت کردند و سپس ضمن مخالفت با آن به حمایت از سلطنت پرداختند. در دوره پس از نهضت ملی، جریانات ملی، چپ و مذهبی متفقاً فعالیت خود بر ضد سلطنت را پیگیری کردند. در انقلاب سفید، روحانیت و جریان مذهبی با اصلاحات دستگاه شاهی مخالفت کردند اما جریان ملی و جریان چپ از یکسو از این اصلاحات پشتیبانی نمودند و از سوی دیگر با حفظ موضع مخالف خود در برابر سلطنت، با حرکت روحانیت و جریان مذهبی علیه انقلاب سفید همراه نگشتند. در واقعهٔ سیاهکل، جریان چپ در برابر سلطنت قرار گرفت در حالی که جریان ملی، روحانیت و جریان مذهبی نقشی در این رویارویی نداشتند. در انقلاب بهمن، جریانات چپ، ملی، مذهبی و روحانیت جملگی در برابر سلطنت کنار یکدیگر قرار گرفتند. در دوران پس از انقلاب بهمن، در گام نخست، نهاد شاهی و جریان پادشاهی، در گام دوم، جریان ملی، در گام سوم، جریان چپ و در مرحلهٔ بعد، بخشی از جریان مذهبی و روحانیون، هر یک کمابیش به طور جداگانه در برابر روحانیت و جریان مذهبی حاکم به مخالفت برخاستند. یک قرن پیکار پایدار و پیگیر مردم ایران برای دستیابی به آزادی نمیتواند ناکام بماند. طی این دوران، ملت ایران در مقاطعی کوتاه و گذرا چون پس از پیروزی انقلاب مشروطیت، سالهای پس از شهریور بیست تا ایّام نهضت ملی و در هفته های آغازین پس از پیروزی انقلاب بهمن به رغم درگیریها و مناز عات یا اعدام ها و یا تلفات ناشی از نابسامانی و آشفتگی وضعیت جدید در آن مقاطع تا حدودی فضای باز سیاسی را تجربه کرد و طعم میوه آزادی را چشید. ناکامی در مهندسی یک نظام آزاد در ایران هنگامی میتواند برطرف شود که کانونهای قدرت و جریانات سیاسی ایران بتوانند واقعیت وجودی یکدیگر را درک کنند و بجای حذف یکدیگر در صدد همزیستی مسالمت آمیز و سازنده با هم برآیند. نمیتوان سر را زیر برف کرد و واقعیت وجودی

دیگران و مخالفان را ندید و درک نکرد. کانونهای قدرت و جریانات سیاسی ایران بهتر است دریابند که برآیند عملکرد آنها در یک قرن گذشته به رغم دو انقلاب بزرگ و چند جنبش ملی و اجتماعی نه تنها ناموفق بوده بلکه پس از انقلاب بهمن، ملت ایران را از بدیهی ترین حقوق انسانی که پیش از آن کمترین دغدغه اش هم نبود محروم کرده است. حقوقی که مانند تنفس آن قدر طبیعی، بدیهی، مسلم و محرز هستند که جز در تعداد معدودی از ممالک توسعه نیافته یا در حال توسعه، در اکثریت قاطع کشورهای جهان اصلاً در ردیف حقوق اولیه یا آزادیهای اساسی نیز شمرده نمیشوند. از اینرو دستآورد و کارنامه کانونهای سلطنت و روحانیت و کلیه جریانات سیاسی ایران اعم از ملی، چپ و مذهبی یا احزاب و سازمانهای تلفیقی یا ترکیبی آنها از جناح راست گرفته تا میانه و چپ را میتوان پوچ، باطل و مردود ارزیابی کرد. نکته در خور توجه از انقلاب مشروطیت به اینسو، نبود تشکلی در تلاشهای سیاسی و اجتماعی یک قرن گذشته کشور است که بدون مقدم داشتن مبانی و اصولی خاص یا ورای ارزشهای مکتبی یا مذهبی، صرفاً برای آزادی و حقوق فردی انسان ایرانی کوشش و پیکار کند. اگرچه شاید در این میان «حزب ایران» به طور اخص و «جبهه ملی ایران» به طور اعم تنها تشکل و تشکیلات مستثناء از این مسئله باشند چرا که بدون داشتن یک ایدئولوژی خاص در پی آزادی و دموکراسی بوده اند. پس از انقلاب بهمن نیز با توجه به موارد نقض مستمر، گسترده و فاحش حقوق بشر در کشور، رفته رفته پس از گذشت سالها سرانجام در پی جنبش دوم خرداد و روی کار آمدن اصلاح طلبان تشکل هایی کارشان را آغاز کردند که صرفاً در راستای دفاع از حقوق بشر و آگاهی رسانی در این زمینه فعالیت میکردند. آنچه در یک قرن گذشته میان کانونهای قدرت و جریانات سیاسی ایران روی داده از جهتی شبیه به منازعات دولت های کوچک مستقل ایرانی با یکدیگر و در دورانی است که آنها در مقابل خلافت عباسی قرار داشتند. «سامانیان»، «زیاریان» و «بوییان» با وجود کسب موفقیت هایی در راه استقلال ایران، بتنهایی نتوانستند این امر را به طور تمام و کمال تحقق بخشند. با اینکه در آغاز این رشته مقالات عنوان شده بود در این نوشتار ها به تاریخ پرداخته نخواهد شد و تنها مسائل ایران

و راههای پیش رو برای آزادی و پیشرفت کشور بررسی خواهند شد، در برخی جاها به ناگزیر با مرور مختصر و کلی مواردی از تاریخ ایران به عنوان نمونه، اشاراتی فشرده و گذرا در این زمینه انجام یافت. آنچه در این مبحث حائز اهمیت است انتشار این نکته است که جامعه ایرانی، صرف‌نظر از همه مسائل، اختلافات، تضادها و خصومتها، یک خانواده واحد است. در بررسی داغدیدگیها و دردمندیهای خانواده جامعه ایرانی طی فقط چند دهه یعنی از عصر پهلوی تا انقلاب بهمن و پس از آن میتوان دید که ابتدا خانواده هایی در عصر پهلوی، عزیزان خود را چه در مقام مسئولیت و دفاع از شاه و میهن و چه در جبهه مخالف حکومت از دست داده اند. سپس در انقلاب بهمن، خانواده هایی بستگان خود را چه در صفوف مخالفان، تظاهرکنندگان و انقلابیون و چه در جمع سران، سربازان و هواداران شاهنشاهی از دست میدهند. پس از انقلاب بهمن، خانواده هایی نزدیکان خود را چه در مبارزه با حاکمیت، چه در دفاع از آن و چه در جوخه های اعدام از دست میدهند و خانواده هایی نیز در جریان جنگ هشت ساله با از دست دادن عزیزان خود داغدار و سوگوار میگردند. در جامعه ایرانی کم نیستند خانواده هایی که عضوی در هریک از جریانات سیاسی ایران دارند. برای نمونه خانواده ای مثال زده میشود که در آن پدر بزرگ پدری، مذهبی، پدر بزرگ مادری، شاهی، مادر بزرگ مادری، چپ، مادر بزرگ پدری، مستقل، پدر و مادر، چپ و بعدها ملی و شاهی و فرزندان، یکی ملی و مذهبی و دیگری ملی و شاهی است. لازم نیست به علائق و سلایق مختلف و متفاوت اعضای دیگر این خانواده اشاره کرد چرا که تا همین جا کافی بنظر میرسد هرچند اگر گرایش یا وابستگی حزبی، سازمانی یا گروهی آنها برشمرده و بازگو شود این طیف رنگارنگ و گسترده از گرایشهای سیاسی بیش از پیش روشنتر میگردد. در همین خانواده، از سویی دو تن در جبهه های جنگ هشت ساله حضور داشته اند و از سویی دیگر دو تن به خاطر گرایش سیاسی خود دستگیر، زندانی و اعدام شده اند. خانواده جامعه ایرانی برای رسیدن به آزادی، نخست نیاز دارد در مورد کلیۀ مسائل و گرفتاریهای خود احساس مسئولیت پذیری کامل پیدا کند. اینکه خود مسبب و مسئول تمامی مشکلات، کاستیها، کوتاهیها، شکستها

و ناکامیهای خود بوده است، نه دیگری و نه خارجی. در این راستا، دشمن تراشی، بیگانه ستیزی و تئوری های توطئه نه تنها دردی را از دردهای جامعه ایرانی دوا نخواهد کرد بلکه گرفتاریهای ملت ایران را سختتر و پیچیده تر خواهد کرد و بیش از پیش بر گمراهیها خواهد افزود. خانواده جامعهٔ ایرانی نیازمند آشتی بزرگ ملی است. برای گذشت از کینه ها، تلخیها، ستمها، خونریزیها، حبس ها، شکنجه ها، اعدام ها، سرکوبها، داغها و البته نه فراموش کردن بلکه درس و عبرت گرفتن از این دردها و کلاً عبور از تمامی مظاهر استبداد و تضمین آینده ای آزاد و روشن برای نسل ها و فرزندان آینده ایران، بهترین راه اگر نه تنهاترین راه، همانا دستیابی به آشتی بزرگ ملی برای رسیدن به همبستگی فراگیر ملی برای آزادی ایران است. در ایران آزاد، احزاب، سازمانها، گروهها، انجمنها، اتحادیه ها، باشگاهها و کلیهٔ نهادها و تشکل های سیاسی، اجتماعی، فرهنگی، ورزشی و غیره بدست افراد جامعه تأسیس و اداره میگردند نه دولت و دولت نمیتواند بر این نهادها نفوذ داشته یا تأثیرگذار و یا محرک آنها باشد. در ایران آزاد، روشهای ساده، روشن، ریاضی، معقول و منطقی برای بهینه سازی انتخابات بکار برده میشود که یکی از آنها و در واقع محوری ترین آنها، یگانه سازی انتخابات یا اصطلاحاً تجمیع انتخابات است. با یگانه سازی انتخابات، ریاست دولت، نمایندگان مجلس ملی، شوراهای استانی و شوراهای شهری یکجا روشن و تکلیف اداره امور کشور با برگزاری یک انتخابات از بالا تا پایین مشخص میشود. برگزاری انتخابات به این شیوه که هزینه کمتری نیز برای کشور دارد در کشورهای توسعه یافته و پیشرفته ای چون سوئد انجام می یابد. در این کشورها شماری حزب سیاسی با رنگ و نشان ویژه خود وجود دارند که در سه جناح عمدهٔ راست، میانه و چپ تقسیم شده اند. این احزاب هر چهار سال، نامزدهای خود را برای انتخابات سراسری جهت احراز کرسیهای نمایندگی در مجلس ملی، شوراهای استانی و شوراهای شهری معرفی میکنند. در روز انتخابات، رای دهندگان در سه برگه، یکی برای مجلس کشور، دیگری برای شورای استان خود و آن یکی برای شورای شهر خود به نامزدهای احزاب یا حزب مورد نظر خود رای میدهند و نتایج انتخابات با شمارش رایانه ای به فاصله چند ساعت روشن و از

رسانه ها اعلام میگردد. روشن است رهبر حزبی که در مجلس ملی بیشترین کرسیهای نمایندگی را بدست آورد به ریاست دولت برگزیده و مأمور تشکیل دولت خواهد شد. بیهوده نیست که بر سرلوحهٔ قانون اساسی کشوری آزاد، مرفه، پیشرفته و نمونه چون سوئد، اصول آزادی و دمکراسی و حقوق بشر جای گرفته است. با پیشرفت روزافزون علوم و فن آوری ارتباطات میتوان پیش بینی کرد که ساز و کار سامانه های آزاد کشورداری برای بهرهمندی از خرد همگانی و بکارگیری رای و خواست مردم شیوه ها و ابزارهای نوینی بیابند. مهندسی یک نظام آزاد و تأمین آزادی و آرامش و پیشرفت جامعه در گرو کوشش برای بهرهمندی از بهترین، درستترین و پیشرفته ترین روشها جهت پی بردن و روشن ساختن رای و خواست راستین اکثریت مردم و همزمان تضمین انتشار و انعکاس دیدگاه اقلیت و نظرهای دیگر یا مخالف و فعالیت آنها از اولین واحد تشکیل دهنده جامعه یعنی فرد به بالاست. این خواست و میل باطنی به دانستن رای و اراده حقیقی مردم میتواند در آینده با سامانه ها و ابزارهای پیشرفته شکلی بخود یابد که آرای جامعه و نهایتاً اکثریت رای مردم در قبال هر موضوع و مسئله ای به فوریت اخذ شود و مردم این امکان و اختیار را داشته باشند که به وسیله این سامانه ها و ابزارهای ارتباطی به هر مسئله و موضوع مطرح به سرعت پاسخ و رای دهند و بگونه ای کار نمایندگان یک مجلس یا پارلمان را به صورت اجتماعی انجام دهند. طبیعی است در چنین حالتی میتوان طرحی را مانند لایحه ای که در مجلس به رای گذارده میشود پیشنهاد داد و به رای گذارد. در چنین وضعیتی، نظرسنجی از مردم یا ارائه طرح های پیشنهادی مردم درباره مسائل گوناگون میتواند به طور پیوسته در جریان باشد و موضوعات مختلف میتوانند همواره بدون وقفه به همه پرسی گذارده شوند. کاری که مقدمات آن به صورت جسته و گریخته و پراکنده در اینترنت راه افتاده است و نمونه های ابتدائی آن که شاید، غیرعلمی، تبلیغاتی، تأئید نشده، غیرموثق، محدود و حتی دستکاری شده باشند در سایت ها، تالارهای گفتگو و شبکه های اجتماعی و ارتباطی اینترنت دیده و بکار گرفته میشوند. چنین نظرسنجیهایی در اینترنت به هر حال اگر تبلیغاتی نباشند و با هدفِ اِعمال نظر یا پیشبرد موردی خاص دستکاری نشده باشند به رغم

محدویت هایی که امکان دارد از حیث جلب تعداد و تنوع رای دهندگان و دیدگاهها داشته باشند میتوانند یادآور همان مثال معروف "مشت نمونه خروار است" باشند. یکی از خویشان میپرسید اگر مردم ایران با مردم کشوری آزاد و پیشرفته چون آلمان جابجا شوند یعنی مردم ایران را بگذاریم در آلمان و مردم آلمان را بگذاریم در ایران فکر میکنید ایران و آلمان آنگاه چه وضعیت و شکلی پیدا خواهند کرد و چه سرنوشتی در انتظارشان خواهد بود؟ این پرسش شاید تنها بیانگر تفاوت سطح دانش و توانایی میان دو جامعه در یک دوره یا مقطعی از تاریخ باشد با اینهمه مردم ایران با توجه به زخمها، رنجها، تلخکامیها و تجربیات گرانبهای دستکم یک قرن گذشته خود میتوانند با دانش و بینشی پخته راه خود را بسوی ایران آزاد هموار و ایران را آزاد سازند

نگاه و روش علمی

شاید مهمترین عامل راهگشای یک کشور بسوی دستیابی به یک نظام آزاد، بکارگیری نگاه و روش علمی و گسترش آن در سطح جامعه باشد. کاربرد نگاه و روش علمی، مقدمه و زمینه ساز رسیدن یک جامعه به یک نظام آزاد است. اصلی ترین ویژگی نگاه علمی، باز بودن همیشگی راههای اصلاح یا تکمیل نظریه ها یا تغییر کامل و ابطال فرضیات قبلی است. دیدگاه علمی همواره شک و تردید نسبت به نظریه ها، حتی تئوری های اثبات شده را مجاز میشمارد و نه تنها از نقد آنها استقبال میکند بلکه همیشه در انتظار اصلاح یا تکمیل و یا نقض جنبی یا رد کلی ایده های قبلی و قدیمی و پذیرش نظریه های درستتر، کامل تر، بهتر و نوتر است. از اینرو یک نظریه پرداز علمی از بایدها و نبایدها سخن نمیگوید بلکه با شایدها سر و کار دارد. یک نظریه علمی حتی هنگامیکه ثابت شده، لحن و زبانش قطعی نیست و در آن عباراتی چون، احتمال میرود، امکان دارد، بنظر میرسد و مانند اینها بکار برده میشود. در نتیجه یک فرضیه علمی حکم و دستوری صادر نمیکند و اگر مطلق و تمامیت گرا هم باشد، امکان بازنگری، کاملتر شدن، دگرگونی یا مردود شدن و یا به کل جایگزین شدن خود با یک فرضیه جدید را ملاحظه و محفوظ میدارد و فضا را برای هر یک از حالات یادشده باز میگذارد. از ویژگیهای یک نظریه علمی، تبلور احساس آزادی، آرامش و امنیت در انسان است. یک نظریه علمی، متهم نمیکند، برچسب نمیزند، دشمنی خیالی ترسیم نمیکند، تنگ نظری و کوته بینی به وجود نمیآورد، با مهملات و موهومات سر و کاری ندارد. یک نظریه علمی، فضا را باز میکند، عرصه را گسترش میدهد، همبستگی پدید میآورد، مهر و دوستی را افزایش میدهد و پراکنده میسازد. شناسایی یک نظریه علمی و تمایز قائل شدن بین یک نظریه غیر علمی یا شبه علمی با یک نظریه علمی، گاه شاید دشوار بنظر آید و تفاوت بین آنها بسیار باریک و ناچیز باشد هرچند با تعاریفی که از برخی صفات و خصوصیات یک نظریه علمی بدست داده شد میتوان گفت کار شناخت یک نظریه علمی یا یک نظریه غیر علمی و یا تمیز دادن ایندو از

یکدیگر نمیتواند کار چندان دشواری باشد. دانش درست همان کاری را میکند که نور در تاریکی. دانش، روشنگر است و مهر، آزادی، شادی، امید، دوستی، راستی، خرد، همبستگی، همکاری، سازندگی، پیشرفت و همه نیکیها را همراه میآورد. در نقطه مقابل ایدئولوژی ها و مکاتبی قرار دارند که محدودند و همین محدودیت ها را تحت لوای مقاصد و اهداف عالی خود بر بشر روا میدارند. اینگونه مکاتب و ایدئولوژی ها با تجسم و ترسیم حالت یا وضعیتی ایده آل به عنوان هدف نهایی، در باغ سبزی را نشان میدهند که در تئوری، رسیدن به آن اجتناب ناپذیر یا بدیهی یا قطعی و حتمی و یا انکارناپذیر است هرچند در واقعیت و عمل، اگر نه دست نیافتنی دستکم دور از دسترس است. وعده های جهانی آرمانی یا بُعدی مینوی، فرامادی و ایده آل بکنار، ایدئولوژی ها و مکاتبی اینچنین معمولا نه تنها جامعه تحت سیطره خود را بسوی آینده ای بهتر نمیبرند بلکه غالبا درست در نقطه عکس ارزشها و اهداف والای خود عمل میکنند و بجای بهشت یا آرمانشهر مورد نظرشان، دوزخی را برای جامعه تحت اسارت خود رقم میزنند. از نگاهی دیگر در پس پرده یا درونمایۀ هر اندیشه، طرح، مذهب، مکتب یا ایدئولوژی، حقیقت یا حقایقی میتواند نهفته باشد که بعضاً در بدو آشکار شدن و نیز به سبب عملکرد و محبوبیت بنیانگذاران و رهبرانشان، موجبات بالا گرفتن کارشان را فراهم میآورد هرچند بعدها بر اثر اتکای افراد دیگر به ارزشهای برآمده و استفاده از این ارزشها و چه بسا وسیله قرار دادن آنها برای کسب یا حفظ قدرت یا منافع شخصی در واقع ارزشها مورد دستبرد، سوء نیت، سوء برداشت، سوء تعبیر و سوءاستفاده قرار میگیرند و با از دست دادن توان کارکرد خود در نهایت سست یا خنثی و در حالت بدتر، باطل و بی ارزش و در وخیم ترین حالت، معکوس و ضد ارزش میشوند. خود افراد یا گروهی که مذهب یا ایدئولوژی و یا ارزشهایی مذهبی یا مکتبی را دستآویز نیات و مقاصد خود قرار میدهند چه بسا کاملا واقف باشند که طبق تعالیم مذهبی یا رهنمودهای مکتبی خود عمل نمیکنند یا نمیتوانند عمل کنند و یا اینکه مغایر آن یا حتی خلاف آن عمل میکنند اما چون معمولا در چنبره سیستمی بسته، استبدادی و انتقادناپذیر گرفتار آمده اند به دلیل منافع شخصی یا گروهی، کمتر

میتوانند به اشتباهات خود اذعان یا به عملکرد نادرست خود اعتراف و حقیقت را فاش کنند. از فرضیه های غیرعلمی و گمراه کننده که غالبا با جهل، خرافات و توهمات توأم است، تئوری های توطئه است. تئوری های توطئه هم در کشورهای آزاد فضای نشو و نما پیدا میکنند و هم در نظام های استبدادی ضمن اینکه در هر دو سیستم میتوانند مورد استفاده سیاسی و تبلیغاتی دستگاه حاکم قرار گیرند. طرح فرضیه های توطئه در کشورهای آزاد به دلیل وجود فضای باز و آزاد برای ابراز اندیشه و بیان و نشر عقاید و باورها امری طبیعی و بدیهی است و اینگونه فرضیه ها همواره طراحان خود را داشته و علاقمندان و مخاطبانی را جذب کرده است. جذابیت تئوری های توطئه عمدتاً ناشی از طرح موضوعات و مباحث بدیع، غیرعادی، ناگفته، شگفت آور و ناشناخته است که در قالب مسائل سرّی و محرمانه ارائه میشوند و همین خصیصه و جنبه اسرارآمیز فرضیه های توطئه است که قوّهٔ اصلی جاذبه شان برای برانگیختن حس کنجکاوی و جلب توجه و نظر افراد شناخته میشود. در حکومت های مطلقه و استبدادی علاوه بر طرح فرضیه های توطئه، تئوری های توطئه ای نیز که در کشورهای آزاد ارائه شده اند مطرح یا بازتولید میشوند و مورد استفاده سیاسی و تبلیغاتی نظام حاکم قرار میگیرند. تئوری های توطئه غالباً حس نادانی، فریبکاری، بی اعتمادی، بدگمانی، بدبینی، دشمنی و کینه توزی، پوچی، یأس و نومیدی، تفرقه و تسلیم محض در برابر اراده و قدرتی پشت پرده، ناشناس یا ناپیدا را القاء میکنند و از این نظر خاصیت محبوس کردن روح و روان و محدود کردن آزادی عمل را دارند و این درست حالات عکس نظریه ها و تئوری های علمی است که احساس، دانایی، آزادی، خوشبینی، مهر، دوستی، امید، همبستگی، همکاری، توانایی، سازندگی، پیشرفت و احساسات مثبت دیگر را بیدار، بارور و نیرومند میسازند. در این میان پژوهشها و گزارشهایی علمی هستند که بر پایه داده ها و آمارهای گردآوری شده، مسئله ای را گوشزد و روشن میکنند و یا در مورد خطرات و آسیبهای آن هشدار میدهند. اینگونه بررسیهای علمی معمولاً راههای مقابله و مبارزه با مسئله مورد نظر یا چگونگی پیشگیری و پرهیز از آن و یا راه حل آنرا نیز بدست میدهند یا دستکم بهترین راه یا

راههای موجود را پیشنهاد میکنند. نمونه چنین پژوهشها و بررسیهای علمی را میتوان در گزارشهای نهادهای سازمان ملل پیرامون مسائلی جهانی چون فقر و تنگدستی، گرسنگی، آوارگی و پناهندگی، بیکاری، بیماریهای خطرناک و مهلک چون سرطان و ایدز، تغییرات آب و هوایی و اقلیمی، وضعیت حقوق بشر و غیره یافت. در ژرفا و هسته فرهنگ ایران، ویژگیها و فروزه های دانش روشن و آشکار است. در «اوستا» از «بهترین راستی» سخن رفته و این گوهر پوینده، جوینده و تابنده که گمان نمیرود توانمندتر و کارسازتر از آن در روند افزایش دانایی و پیشرفت دانش پیدا شود ستوده شده است. در «شاهنامه فردوسی» برای نمونه آمده است

نگه کن به جایی که دانش بود ز داننده کشور به رامش بود

و یا

ز دانشبود جان و دل را فروغ نگر تا نگردی بگرد دروغ

آفت دروغ در یک کشور چنان ویرانگر است که داریوش بزرگ، شاهنشاه هخامنشی، بیش از دو هزار و پانصد سال پیش در سنگنبشته ای در پارسه یا تخت جمشید آنرا در کنار گزندهای سهمگینی چون دشمن و خشکسالی برشمرده و گوشزد کرده است. نگاه و روش علمی نمیتواند محدود یا ثابت بماند و از اینرو نظریه های علمی همواره در حال تغییر یا تکامل هستند. بینش علمی با اینکه هر چیزی را ممکن میداند و با دید و اندیشه ای باز به مسائل مینگرد، با اینهمه هنگام کار علمی، خمیرمایه و ابزارش واقعیات و یافته های موجود و پیشین است. بر این پایه، علم همواره در هر زمان و هر مقطع برای کشف حقایق تازه یا همان بهترین راستی به واقعیات اتکاء دارد. البته در کشفیات و اختراعات علمی، عوامل دیگری چون قوۀ تخیل و بینش، آرزوها و اتفاقات تصادفی نیز نقش مهمی دارند. فرضیه ها و نظریه های تازۀ علمی غالباً در نشریات علمی منتشر میشوند و در کانونها و محافل علمی مورد بحث، بررسی و ارزیابی کارشناسان قرار میگیرند. آنچه با نگاه علمی همراه

است روش علمی است. روش علمی شامل پژوهش، نظریه و آزمایش است. هنگامیکه نتیجه یا نتایج یک آزمایش یا آزمایشهایی تائید نظریه ای را بدست دهد، این فرآیند در مراکز دانشگاهی و علمی به استادان و دانشمندان ارائه میگردد و در صورت تائید آنها به اثبات میرسد. یک نظریهٔ علمی همواره بر مستندات و مدارک معتبر و موثق استوار است و چنانچه حقیقتی را آشکار سازد و راه نوینی را بازگشاید و در کل به اثبات برسد و به عنوان یک اصل علمی پذیرفته گردد به مثابهٔ پله ای است در ادامهٔ پله های پیشین دانستنیها، یافته ها و دستآوردهای جامعهٔ بشری. به سخنی دیگر یافته های نوین دانش بر پایه دستآوردها و یافته های پیشین دانش بدست میآیند. میان آزادی، راستی و دانش، پیوندی تنگاتنگ و ناگسستنی بچشم میخورد. در آزادی است که راستی و بهترین راستی جایگاهی روشن و دانش پایگاهی راستین می یابند. در عرصهٔ دانش، نظریه های علمی حتی در پی اثبات و پذیرفته شدن خود به عنوان اصول علمی، نهایی و جاوید و یا انکارناشدنی و غیرقابل تغییر شناخته نمیگردند و از همین روست که برای دستیابی به حقیقتی کامل تر یا همان بهترین راستی، عرصه نمیتواند تنگ و فضا بسته و محدود گردد و چون هیچ اصل و تفکری نمیتواند حاکمیتی بی چون و چرا و تمام و کمال بر جهان دانش داشته باشد آزادی و پیشرفت در جامعه و کشوری که نگاه و روش علمی را در جهان بینی و زندگی خود بکار گیرد پا میگیرد و هستی، شکوفایی و پایداری می یابد

نمونه شدن

هر ملتی آرزو دارد در میان خانواده ملل نمونه باشد. این خواست و هدف طبیعی هر کشور است که جایگاهی برجسته یابد و سرآمد گردد. یافتن چنین جایگاهی به معنای آبرومندی و اعتبار یک کشور است. برای اینکه کشوری بتواند در میان کشورهای جهان نمونه شود و کشورهای دیگر بخواهند راه آن کشور را بپیمایند و یا آن کشور را سرمشق خود قرار دهند و همانند آن کشور نمونه خوشبخت و سربلند شوند نیاز است از ویژگیهایی بهرمند باشد. بنیادیترین ویژگی، بهرمندی از یک نظام آزاد است. یعنی وجود آزادی در جامعه. اینکه هر فرد و گروه در جامعه در ابراز وجود، اندیشه و بیان آزاد باشد و قانون، آزادی و امنیت هر فرد و گروهی در جامعه را تضمین و حفظ کند. اینکه اصولاً هیچ چیزی آن اندازه آن بالا بالاها جای نگیرد یا جای داده نشود که تحت لوای آن جامعه گرفتار و اسیر استبداد و خودکامگی و حقوق و آزادی فرد ضایع و پایمال شود. در کنار اصل آزادی، اصل برابری است. در یک کشور نمونه، افراد همه با هم برابرند و اصل برابری، والاتر و فراتر از هرگونه تفاوتی میان افراد چون تفاوت های نژادی، قومی، مذهبی، مسلکی، مکتبی، فرقه ای، جنسیتی و غیره است. اصل برابری در اینجا بیشتر به مفهوم ارج گذاردن به شأن و منزلت و مقام هر انسان و رعایت حقوق و آزادیهای فردی و عدم تبعیض میان افراد جامعه است. اصل برابری در پیوندی تنگاتنگ با اصل آزادی قرار دارد. اگر در کشوری اصل آزادی، نقطهٔ محور و مرکز ثقل جامعه نباشد و بجای اصل آزادی، مکتبی یا مذهبی بر این مسند قرار داشته باشد معمولاً افراد جامعه نمیتوانند به برابری برسند چرا که اگر مکتبی بر جامعه حاکم باشد افراد مکتبی خودبخود از امتیازاتی نسبت به افراد غیرمکتبی یا مخالف برخوردار میشوند و اگر مذهبی چنین وضعیتی را بیابد آن هم مانند یک ایدئولوژی یا مکتب عمل خواهد کرد. در حکومت های مکتبی یا مذهبی نه تنها اصل آزادی نمیتواند آزادی عمل یابد بلکه اصل برابری نیز میتواند بسادگی نقض و پایمال شود. در حکومت های مکتبی یا مذهبی، یک فرد، یک

انسان صرفاً به خاطر عقیده ای متفاوت یا عملی خارج از چارچوب مکتب یا مذهب که رفتاری غیرمکتبی یا غیرمذهبی تشخیص داده شود به راحتی مجازات و برای حفظ اصول مکتبی یا مذهبی حتی قربانی میشود. اینجاست که مکاتب و مذاهب با سقوط به پست ترین درجات به ضدارزش تبدیل میشوند. از اینرو جامعه ای که بخواهد نمونه شود نمیتواند مکتب یا مذهبی را سرلوحهٔ برنامه ها و کارهای خود قرار دهد و آنرا در جایگاهی بنشاند که از آن اصل آزادی است. از شاخصه های دیگر یک کشور نمونه، رفاه عمومی است. رفاه عمومی به طور کلی به این معناست که افراد یک جامعه در فشار نیستند. یعنی آزادند، برابرند، در آرامشند، کار میکنند، قدرت خرید دارند و از امکانات و تسهیلات اجتماعی چون آموزش، بهداشت و درمان رایگان بهرمندند. اصل مهمی که آزادی، برابری و رفاه عمومی را تأمین میکند امنیت اجتماعی است منتها بهتر است توجه داشت که حکومت های استبدادی همواره به بهانهٔ برقراری امنیت، جنبشهای آزادیخواهانه را سرکوب کرده اند. از اینرو امنیت حکومتی یا امنیت برای حفظ قدرت یا هیئت حاکمه مقوله ای بکلی جدا و متفاوت از امنیت اجتماعی است که ضامن آزادیها و حقوق یکایک افراد در یک جامعه فارغ از هرگونه تبعیض یا تعلقات سیاسی، مذهبی یا قومی است. در یک نگاه گذرا، آزادی، برابری، رفاه عمومی و امنیت اجتماعی، ارکان اساسی یک نظام آزاد و مترقی را تشکیل میدهند. جامعه ای که توجه خود را بر این زمینه های مهم متمرکز کند و نیروی خود را صرف تقویت و توسعهٔ این عرصه ها سازد بدون اینکه بخواهد به چیزی تظاهر کند یا ادعایی داشته باشد یا چیزی را به جوامع دیگر بقبولاند یا تحمیل کند خودبخود در راه تکامل و تعالی انسانی و اجتماعی گام میگذارد. در اینراه جامعه یا ملتی که بتواند با اندیشه های نو و کار و کوشش در زمینه های گوناگون دانش و هنر، ابزارها و فرآورده های نوین و راهها و دستآوردهای تازه ای برای بشریت به ارمغان آورد و همزمان از نشانه های شادابی، سرزندگی و زیبایی بهرمند گردد میتواند کشوری نمونه را نمایان سازد. یک کشور نمونه میتواند یک ابرقدرت گردد اما هر ابرقدرتی نمیتواند یک کشور نمونه باشد. گذشته از این بسیاری از کشورهای نمونه اصولاً نیازی نمیبینند

که تبدیل به یک ابرقدرت شوند و چه بسا از یافتن چنین جایگاهی دوری میجویند

سازمان ملل گزارش سالانه ای دارد بنام «شاخص توسعهٔ انسانی» که بر پایه نتایج بررسیها در سه زمینه طول عمر، میزان سواد و تحصیلات و استاندارد یا سطح زندگی در کشورهای گوناگون تنظیم و تهیه میشود. این گزارش سالانه سازمان ملل خود از منابع گزارش سالانه دیگری است بنام «شاخص رفاه» که اندیشکده ای بنام مؤسسهٔ «لگاتوم» بر پایه شاخص های متغیر مختلف در کشورهای گوناگون بدست میدهد. منابع داده های گزارش سالانه مؤسسهٔ لگاتوم، سازمانهای بین المللی و مؤسسات پژوهشی هستند و شاخص های متغیر کشورها در این گزارش در قالب ۹ زمینه دسته بندی میشوند که عبارتند از: بنیانهای اقتصادی، نهادهای دمکراتیک، بهداشت، حکومت، سرمایه اجتماعی، کارآفرینی و نوآوری، آموزش، ایمنی و امنیت و آزادی شخصی و سپس از جمع بندی برآوردهای این نُه فهرست، فهرست کلی با نام فهرست کامیابی یا موفقیت بدست میآید که در آن کشورها از نظر میزان خوشبختی، شکوفایی و کامکاری رده بندی میشوند. در فهرست سال ۲۰۱۰ میلادی، نروژ بر جایگاه نخست ایستاد و دانمارک، فنلاند و استرالیا به ترتیب در رده های دوم تا چهارم جای گرفتند. کشورهای ژاپن و ایتالیا که پیشتر اشاره شد گذشته از فرهنگ و تاریخ غنی خود و بهرمندی از یک نظام آزاد همچنین به خاطر ساخت کالاها و ابزارهای نامدار و ارائهٔ برندهای معتبر و مرغوب به بازارهای جهانی در ردیف کشورهای پیشرفته و آبرومند بشمار میروند در فهرست سال ۲۰۱۰ مؤسسهٔ لگاتوم به ترتیب در رده های هجدهم و بیست و پنجم قرار گرفتند. ایران در فهرست سال ۲۰۱۰ در میان یکصد و ده کشور بررسی شده، در جمع بیست کشور پایین جدول و در رتبهٔ نود و دوم جای گرفت. این در حالی است که در فهرست سال ۲۰۰۹ نیز ایران در بین بیست کشور ته جدول و در مکان نود و چهارم قرار گرفته بود. در فهرست سال ۲۰۰۹ فنلاند جایگاه نخست را بدست آورده بود و سوئیس، سوئد، دانمارک و نروژ به ترتیب در رده های دوم تا پنجم جای گرفته بودند. در گزارش سالانه

سازمان ملل تحت عنوان «شاخص توسعهٔ انسانی» که همانگونه که اشاره شد از منابع گزارش سالانه مؤسسهٔ لگاتوم است، در سال ۲۰۱۰ میلادی، نروژ در جایگاه نخست قرار گرفت و استرالیا، نیوزیلند، آمریکا و ایرلند به ترتیب در رده های دوم تا پنجم جای گرفتند در حالی که ایران در رده هفتادم ایستاد. در گزارش سال ۲۰۰۹ شاخص توسعهٔ انسانی سازمان ملل نیز نروژ جایگاه نخست را از آن خود ساخته بود و استرالیا، ایسلند، کانادا و ایرلند به ترتیب در رده های دوم تا پنجم ایستاده بودند در حالی که ایران در مکان هشتاد و هشتم قرار گرفته بود. گزارشها و بررسیهای سازمانهای بین المللی و مؤسسات تحقیقاتی ممکن است کاستیها و نواقصی داشته باشند هرچند کمتر میتوان نسبت به صحت و درستی بخش عمده و کلیّت این گزارشها تردید ورزید. پرسش اصلی اینجاست که چرا کشوری چون ایران با چنین فرهنگ و تاریخ غنی، نیرو و استعدادهای انسانی، موقعیت مناسب و مطلوب اقلیمی و جغرافیایی و منابع و ذخایر سرشار طبیعی به چنین وضعیتی گرفتار آمده است که در کلیهٔ گزارشها و بررسیهای بین المللی در سطوح نازل و مکانی قرار میگیرد که نه تنها با توانایبهایش همخوانی ندارد که در خور و شایسته اش نیز نیست. ایرانیان در صورت مهندسی و برقراری یک نظام آزاد در کشور میتوانند ایران را به سرعت در میان کشورهای آبرومند، پیشرفته و نمونه جای دهند. ایران و ایرانیان نه تنها چیزی کمتر از کشورها و مردمان دیگر ندارند که در مواردی بیشتر هم دارند. ایرانیان در فرهنگ خود همه نمونه های پیشرو، سازنده و نیک را دارا هستند که کشورهای پیشرفته از آنها بهرمند و به آنها سرافرازند. با بکارگیری این نمونه هاست که ایران میتواند بار دگر کشوری نمونه گردد. اینکه «زرتشت» میگوید "راه در جهان یکی است و آن راه راستی است" یا این آموزه از «اوستا» که "بهترین سخنان را به گوش بشنوید و با اندیشه روشن بنگرید سپس هر کدام از شما برای خود بهترین راه را برگزینید"، بررسی انجمنهای رایزنی بزرگان ایران از زمان «کیخسرو» و پیش از او تا «مهستان» و «کهستان» و پس از آن، نگاهی به فرمان آزادی «کورش بزرگ» و اینکه در این فرمان کوچکترین نشانه ای از پذیر اندن ارزشهای ایرانی به مردمان دیگر نرفته

است، این سخن «بیژن» در «شاهنامه فردوسی» که میگوید "از ایرانم
از شهر آزادگان"، این سخن «حافظ شیراز» که میگوید "غلام همت آنم
که زیر چرخ کبود ز هر چه رنگ تعلق پذیرد آزاد است"، وارستگی
و آزادگی برآمده از اندیشه وحدت وجود عارفانی چون «بایزید
بسطامی»، «ابوالحسن خرقانی» و «ابوسعید ابوالخیر»، تنها نمونه
هایی چند از موارد بسیاری هستند که چون گوهری تابناک در فرهنگ
رخشای ایران میدرخشند و نمایانگر پیشینه و پشتوانه آزادی، آزادگی
و آزادیخواهی نزد ایرانیان و در فرهنگ ایران بشمار میروند. سرآغاز
و خاستگاه آزادی، دانش و هنر در تاریخ تنها در یک سرزمین یا
شهریگری نبوده و آزادی و دانش و هنر همواره در نهاد و سرشت آدمی
و کل جامعهٔ بشری هستی داشته و سازنده فرهنگ یکایک ملل بوده است.
فرهنگهایی که از نگاهی رنگارنگ و گوناگون و شاخه شاخه شده اند و
از نگاهی دیگر یکرنگ و همگون و همریشه اند. آزادی و دانش و هنر
هرگاه و هرجا که زمینه های پرورش و شکوفایی بیابند گسترش می یابند
و میتوانند بهترین فرآیندها و دستآوردها را همراه و به ارمغان آورند که
به پیشرفت، آبرومندی، سرافرازی و نمونه شدن یک کشور بیانجامد

دولت زمینی

کشورهای کرهٔ خاکی برای بهینه سازی روند پیشبرد اهداف جامعه بشری نهادها و سازمانهایی بین المللی پدید آورده اند. در این میان، بزرگترین و اصلی ترین تشکیلات بین المللی، سازمان ملل متحد است. سازمان ملل متحد خود دربرگیرنده مجموعه ای از نهادها و سازمانهای بین المللی در حوزه های مختلف است. سازمانهایی چون «کمیساریای عالی امور پناهندگان ملل متحد»، «دیوان بین المللی کیفری»، «سازمان آموزشی، علمی و فرهنگی ملل متحد، یونسکو»، «صندوق بین المللی اضطراری کودکان ملل متحد، یونیسف»، «شورای حقوق بشر ملل متحد»، «سازمان بهداشت جهانی»، «سازمان خواربار و کشاورزی ملل متحد، فائو»، «برنامه جهانی غذا»، «آژانس بین المللی انرژی اتمی»، «بانک جهانی» و شماری دیگر از نهادها و سازمانهای بین المللی که هر یک در زمینه ویژه ای فعالیت میکنند. تمدّن کنونی جامعهٔ بشری با توجه به سفر ناوگان اکتشافی «فردیناند ماژلان» دریانورد پرتغالی و موفقیت گروهی از افراد ناوگانش در دور زدن کرهٔ زمین، تنها پنج قرن است که کلّ جغرافیای سیّارهٔ زمین را شناسایی کرده و این در حالی است که جامعهٔ بشری به طور عمومی شاید بیش از دو قرن نباشد که شناختی از کلیّت جغرافیای کرهٔ زمین پیدا کرده است. کافی است به تاریخ تنها دو اختراع مهم نظری افکنده شود. اختراعاتی چون ارتباطات بیسیم بدست «نیکولا تسلا» مخترع صرب در سال ۱۸۹۳ و هواپیما بدست «ویلبر رایت» و «اُرویل رایت» برادران مخترع آمریکایی در سال ۱۹۰۳. از اینرو مردمان سیارهٔ زمین، امروزه نه تنها کمابیش از وجود یکدیگر و سرزمینها و کشورهای کرهٔ زمین آگاهی دارند بلکه به واسطهٔ سفرهای هوایی، پیشرفت ارتباطات و رسانه های گوناگون، تا جاییکه دانسته شده است بیش از هر زمان دیگر در تاریخ در جریان وضعیت و حال و روز همدیگر قرار دارند. از همین روست که از تشکیل سازمانها و نهادهای بین المللی و آغاز شکل گیری ساز و کارها در سطح کرهٔ زمین حتی یک قرن هم نمیگذرد

BAKTASH KHAMSEHPOUR

«جامعهٔ ملل» در سال ۱۹۱۹ بدنبال جنگ جهانی اوّل تشکیل شد و سپس در سال ۱۹۴۵ بدنبال جنگ جهانی دوّم سازمان ملل متحد بنیان گذارده شد که نهادی تکامل یافته تر از جامعهٔ ملل بود. بکار نگرفتن واژه «جهانی» در این مقوله از این نظر است که واژه «جهان» یا «جهانی» مفهومی بس گسترده تر و چه بسا بیپایان را میرساند تا اینکه برای تمدن کنونی جامعهٔ بشری و سیّارهٔ زمین بکار برده شود. اطلاق صفت جهانی به سازمانها، فعالیت ها یا هر آنچه روی کرهٔ زمین است به این معنا میتواند باشد که بشریت در مسیر تکامل و تعالی خود، تنها خود و محیط زندگی خود را جهان میداند. چنین بینشی در روند پیشرفت تمدن بشری از مرحلهٔ زمینی یا سیّاره ای به مرحلهٔ بین سیّاره ای نمایانگر این واقعیت است که تمدن بشری هنوز وارد مرحلهٔ بین سیّاره ای نشده و فعلاً در مرحلهٔ سیّاره ای و عمدتاً خودمحور قرار دارد. دانش امروز چه در عرصهٔ علمی و چه در عالم علمی تخیّلی دستکم هفت مرحلهٔ تمدنی را ترسیم میکند که عبارتند از مرحلهٔ سیّاره ای، مرحلهٔ بین سیّاره ای، مرحلهٔ منظومه ای، مرحلهٔ بین منظومه ای، مرحلهٔ کهکشانی، مرحلهٔ بین کهکشانی، مرحلهٔ کیهانی. نادانی و نابخردی به طور کلی و اختلافات و تضادهای گوناگون بین دولت ها و حکومت ها همواره عامل بروز جنگها و تلفات و لطمات جبران ناپذیر انسانی و خسارات مادی بوده است. این اختلافات غالباً ناشی از قدرت طلبی یا توسعه طلبی، داعیهٔ رهبری داشتن بر کلّ ملل زمین، منافع مادی یا ادعاهای قلمرویی بوده اند. پس از جنگ جهانی اوّل که بیش از ۱۶ میلیون تن کشته و ۲۱ میلیون تن زخمی یا مصدوم بر جای گذاشت و پس از جنگ جهانی دوّم که به عنوان مرگبارترین و ویرانگرترین جنگ تاریخ، بین حداقل بالغ بر شصت میلیون تن تا حداکثر نزدیک به هشتاد میلیون تن کشته بر جای گذارد و در آن برای اولین بار از بمب اتمی استفاده شد، جامعهٔ ملل و سازمان ملل متحد به ترتیب با این هدف ایجاد شدند که از چنین فجایعی پیشگیری و در اختلافات، مناز عات یا درگیریها و یا جنگها بین کشورها میانجیگری کنند. سازمان ملل متحد که جایگزین جامعهٔ ملل شد در برابر این کاستی و ضعف جامعهٔ ملل در نداشتن یک نیروی مسلح، افزون بر برخوردار گشتن از یک نیروی مسلح بنام «نیروی

صلحبانی ملل متحد» این اختیار را نیز یافت که در صورت رای نهاد اجرایی اش یعنی شورای امنیت، فرمان مداخلهٔ نظامی بین المللی در مناقشه ای را صادر کند. ساز و کارهای بین المللی موجود از نگاهی شاید بهترین یا کارآمدترین راه و روشها برای حل و فصل ناهماهنگیها، نابرابریها، ناسازیها، نابسامانیها، ناآرامیها و ناگواراییها نباشند گرچه از نگاهی دیگر میتوانند حاصل و فرآیند دانش، تجربه، کار و کوشش جامعهٔ بشری در مقطع و بر هه ای از تاریخ تمدن آدمی شناخته و از اینرو مناسب ترین یا مؤثرترین نهادها یا ساز و کارهای بین المللی در نوع خود و برای زمان خود ارزیابی گردند. با اینهمه، روند بهسازی سازمانهای بین المللی و کارکرد آنها همزمان با پیشرفتهای جامعهٔ بشری و طرح راهکارهای نو برای پاسخگویی به خواسته ها و رسیدگی به نیازهای عصر جدید مانند هر عرصهٔ دیگری جریان دارد. در این مسیر است که میتوان افق روند تکاملی سازمان ملل متحد به عنوان متولی امور بین المللی را در قالب یک دولت زمینی دید. دولتی که دربرگیرنده همه کشورهای کرهٔ خاکی و پیرو و نگهبان اصول آزادی و حقوق بشر است. دولتی که به پشتوانه کلّ نیروی همبسته جامعه بشری و منابع و سرمایه های طبیعی کرهٔ زمین، به مسائل کشورها و جوامع بشری در سطح سیّاره رسیدگی و چشم اندازهای پیشرفت شهرآیینی زمینی را روشن و برنامه ریزی کند. با پایه گذاری دولت زمینی، نظام هایی که حافظ اصول آزادی و مدافع حقوق بشر ارزیابی میگردند هریک به عنوان مُعرف و نماینده مردم کشور خود، نظام نوین ادارهٔ امور سیّارهٔ زمین را شکل و دولت زمینی را تشکیل میدهند. روشن است نظام های استبدادی و ناقض حقوق بشر نمیتوانند جایی در دولت زمینی داشته باشند هرچند برگزیدگان هوادار اصول آزادی و حقوق بشر در هر کشوری که گرفتار حکومت استبدادی است میتوانند مردم کشور خود را در دولت زمینی نمایندگی کنند. در واقع هواداران اصول آزادی و حقوق بشر نمایندگان کشورها در دولت زمینی خواهند بود. با تشکیل نظام و دولت زمینی، هر انسان فارغ از هویت ملی اش یک شهروند زمینی شناخته میگردد. زبان بین المللی نیز تا زمانیکه راه و چاره بهتری یافت نشده است بهتر است زبان «اسپرانتو» باشد. با آموزش اسپرانتو به عنوان زبان دوم در

مدارس همه کشورها ظرف یک نسل یعنی ۲۵ سال مردمان کرهٔ زمین میتوانند از یک زبان بین المللی به مفهوم واقعی کلمه بهرهمند گردند و ارتباط با یکدیگر را به واسطهٔ یک زبان بی طرف و خنثی برقرار سازند. اصل بی طرفی و خنثی بودن، مهمترین رکن هر برنامه و کار بین المللی شناخته میگردد. بر این اساس مطلوب ترین مکان برای مقرّ دولت و مجلس شورای زمینی، سرزمینی خنثی و بی طرف است. کشورهایی چون سوئیس یا سوئد و یا نروژ. راهکار دیگر برای مقرّ دولت و مجلس زمینی میتواند میزبانی دوره ای از سوی کشورهای گوناگون باشد. در این راستاست که سیّارهٔ زمین میتواند بسوی همآهنگی، آرامش و یگانگی پیش رود و تلاش برای دستیابی به این وحدت میتواند یک سیر خودبخود و طبیعی، دانسته یا نادانسته و یا آگاهانه یا ناخودآگاهانه باشد اگرچه بهترین شکل وحدت، یگانگی در گوناگونی و گوناگونی در یگانگی است چرا که توحید صرف میتواند به از دست رفتن آزادی و در نتیجه حاکمیت استبدادی بیانجامد. با تشکیل دولت زمینی، کشورها و فرهنگهای جامعهٔ بشری از میان نخواهند رفت بلکه روند پیشبُرد اهداف جامعهٔ بشری میتواند بهینه سازی و پیشرفت تمدن انسانی میتواند روانتر، شکوفاتر و گسترده تر گردد زیرا نیروها و سرمایه های سترگی که همواره بر سر اختلافات سیاسی دولت ها و مناقشات نظامی مصرف شده یا به هدر رفته است میتوانند در راستای برنامه هایی سامانیافته، هنجارمند و سازنده برای همه کشورها و کلّ جامعهٔ بشری بکار روند. در مسیر شکل گیری دولت زمینی است که کشورها میتوانند همانگونه که پیشتر بازگو شد ارتشها و نیروهای نظامی خود را برچینند و در نتیجه مخارج و هزینه های نظامی خود را که معمولاً کلانترین بخش بودجهٔ بیشتر کشورها را بخود اختصاص میدهد به حدّ صفر برسانند. گفته اند آزادی بدون امنیت و صلح به مثابهٔ هرج و مرج و آشفتگی است. از اینرو آزادی با امنیت و صلح پیوندی تنگاتنگ دارد و بدون امنیت و صلح، آزادی مفهومی گنگ و محدود می یابد. در دولت زمینی، نیروهای مسلح کشورها میتوانند به نیروهای صلحبانی و انتظامی تبدیل شوند. نیروهای صلحبانی دولت زمینی متشکل از نیروهایی خواهد بود که هر کشور ارائه خواهد کرد. شمار نمایندگان برگزیده و سهمیهٔ آرای هر کشور در

دولت زمینی میتواند بر پایه میزان جمعیت هر کشور تنظیم و تعیین شود. برای نمونه برای کشورهایی با جمعیتی کمتر از یک میلیون تن، دو نماینده و دو رای، کشورهایی با جمعیتی بیش از یک میلیون و کمتر از ده میلیون تن، چهار نماینده و چهار رای، کشورهایی با جمعیتی بیش از ده میلیون و کمتر از یکصد میلیون تن، هشت نماینده و هشت رای، کشورهایی با جمعیتی بیش از یکصد میلیون و کمتر از یک میلیارد تن، شانزده نماینده و شانزده رای و کشورهایی با جمعیتی بیش از یک میلیارد تن، سی و دو نماینده و سی و دو رای میتوان در دولت زمینی در نظر گرفت. طبیعی است در عمل شاید سهمیه بندی درستتر و بهتری منظور شود. پیرامون موضوع دولت زمینی که بیشتر از آن با عنوان دولت یا حکومت جهانی یاد شده است مانند هر گفتار و گفتمانی دو دیدگاه کلی، یکی منفی یا بدبینانه و دیگری مثبت و خوشبینانه وجود دارد. دیدگاه منفی شکل گیری چنین دولتی را استقرار یک حکومت مطلقه، استبدادی و پلیسی بر کرهٔ خاکی و دیدگاه مثبت آنرا ساماندهنده نیازهای کلّ جامعهٔ بشری و برپا دارنده عدالت و صلح و دوستی در سراسر زمین میداند. هر دو دیدگاه با وجود اختلاف نظر کامل با یکدیگر اما دستکم در یک نکته به هم نزدیک هستند و آن امکان یا قطعیت پیدایش و برپایی یکچنین نظام یا دولتی فرمانروا بر سراسر کرهٔ زمین است. در این راستا آنچه برای ایران و ایرانیان میتواند مهم باشد جایگاه ایران و ایرانیان در یکچنین دولت زمینی است. یک ایران آزاد و نمونه، ایرانی که بهرمند از یک نظام آزاد باشد، یک نظام سیاسی و اجتماعی که از هرگونه قید و بند و چارچوب مکتبی یا مذهبی رها و پیرو و نگهبان مبانی و اصول آزادی و حقوق بشر باشد، یک ایران انسان سالار که در آن آزادی و حقوق هر انسان پاسداشته شود، میتواند بنام کشوری کهن، فرهنگدار، فرهنگساز و فرهنگپرور نقشی بس برجسته و ارجدار در بنیادگذاری نظام زمینی و سپس در دولت زمینی ایفا کند. آنچه پس از انقلاب سال ۱۳۵۷ در ایران صورت گرفته است نمیتواند سیمای یک ایران آزاد، نوین و نمونه را نمایان سازد. ایرانیان نیاز دارند عصر تازه ای را در تاریخ ایران آغاز کنند. ایران نیازمند نوزایی و تجدید حیات است. مانند دستگاهی که شمارش آن صفر میشود، ایرانیان نیز لازم است دوره ای جدید و فصل

تازه ای را آغاز کنند و راهی نو در پیش گیرند تا بتوانند یک ایران بدون نقطه ضعف و کاستی و یک ایران پیشرفته بسازند. در ایران آزاد و پیشرفته، زندانی سیاسی، شکنجه و اعدام وجود ندارد و قوانین بروز شده، مترقی و پیشرو، همسان و مطابق با معیارها و موازین بین المللی، حقوق و آزادیهای هر انسان و هر دسته، گروه و اقلیت جامعهٔ بزرگ ایرانی را پاس خواهند داشت. روند انتقالی و مرحلهٔ گذار از وضعیت استبدادی به وضعیت آزادی و مهندسی یک نظام آزاد برای هر جامعه و کشوری که گرفتار حکومت خودکامه و مطلقه است از راههای آرام و مسالمت آمیز و بدور از کینه جویی، خشونت و خونریزی چون نافرمانی مدنی و اعتصابات عمومی و سراسری میسر است. کلید همبستگی ملی برای گذار آرام از وضعیت استبدادی به وضعیت آزادی، داوری نکردن درباره دیگران، چه فرد یا گروه، بر مسند قاضی ننشستن، برچسب و اتهام نزدن به دیگران، چه فرد یا گروه، گذشتن از گذشته دیگران، چه فرد یا گروه، نگاه بسوی آینده و تمرکز بر آزادی است. از اینراه و با منشهای نیک چون خویشتنداری، گذشت، بخشایش و انسانیت است که جامعه ای میتواند یک نظام آزاد را بگونه درست و استوار پی ریزی کند و آنرا پایدار و ماندگار سازد. برای گشودن این دروازه نوین در تاریخ ایران نیاز است کلیهٔ کانونهای قدرت و جریانات سیاسی کشور با یک هدف واحد در کنار یکدیگر قرار گیرند. درست مانند انقلاب مشروطیت ایران که در آن کانونهای سلطنت و روحانیت و جریانات راست و میانه و چپ یا ملی، مذهبی و عامی یا اجتماعی در کنار هم قرار داشتند و با آرمانهای آزادیخواهی مردم ایران همگام و همراه بودند. هدف ایرانیان نزدیک و دستیافتنی است، آزادی ایران و برپایی ایران آزاد

بکتاش خمسه پور

(بهرام ایرانمند)

آدینه دهم تیر ماه سال ۲۵۷۰

BAKTASH KHAMSEHPOUR

«بکتاش خمسه پور» در ۲۹ تیرماه سال ۲۵۳۴ در تهران زاده شد. وی در امرداد سال ۲۵۳۷ برای آموزش زبان و گذراندن دبیرستان راهی انگلستان گشت و پس از پنج سال در سال ۲۵۴۲ رهسپار آمریکا شد. بکتاش در همانسال نخست کار خود را در «رادیو امید» آغاز کرد و پس از چند ماه گوینده «تلویزیون ایرانیان» در لس آنجلس گردید. شاید بتوان او را از برای آغاز کار گویندگی رویدادهای جهان در هجده سالگی، جوانترین گوینده اخبار در تاریخ تلویزیون دانست. بکتاش پس از هفت سال کار در تلویزیون ایرانیان در سال ۲۵۴۹ به سوئد رفت و در سال ۲۵۵۲ تلویزیون روزانه «ایرانا» را راه اندازی نمود. وی در سال ۲۵۵۷ در بخش نوپای فارسی «رادیو اروپای آزاد، رادیو آزادی» در پراگ بکار گرفته شد. بکتاش در همه این سالیان در کنار کار رسانه ای، پژوهنده فرهنگ ایران بوده و از نوشتن و سرودن بازنایستاده است. جستارهای وی نخستین بار در سال ۲۵۴۷ در هفته نامه «فوق العاده» نگاهها را بخود دوخت. بکتاش که جستارها، سروده‌ها و داستانهایش را با نام «بهرام ایرانمند» پراکنده میسازد از پیشگامان داستان نویسی آیندنگر ایران شناخته میگردد